明治・大正・昭和に見る

きもの文様図鑑

長崎 巌 監修　弓岡勝美 編

［凡例］

本書では「きもの」は和装の衣類全般を指し、「着物」は長着を指して区別した。きものの表面を装飾する絵柄や模様の呼び方については、「文様」として統一し、個々については「文」と省略している。地紋や紋紗地などの織出し絵柄については「紋」を当て、縞・絣・お召などの織による図柄は「柄」とした。「模様」は、文様や柄より広義の、文様づけ、文様配置を意味して使用している。

目次

植物の文様

冬の植物

動物の文様

風景・天象の文様

文芸の文様、器物の文様

幾何学の文様、割付の文様

吉祥の文様

その他の文様

きものの文様の変遷

長崎 巌

日本の服飾に見られる最も大きな特徴は、季節に応じて様々な選択や工夫がなされるということです。それぞれの季節にふさわしい生地や色、文様の選択が行われます。これは、日本が地理的に温帯に属し、気候が四季を持っていることに起因していることはいうまでもありませんが、同時に日本人が四季の変化と、それに応じて身の回りで生じる自然の移り変わりを敏感に感じとり、その中に多様に移り変わる美しさをも、また見出しているからだと考えられます。

平安時代のような極端な重ね着をしない桃山時代以降の服飾では、文様が装飾美の大半を担うようになりましたが、桃山時代から江戸時代のきものには、四季それぞれに見られる植物や動物、自然現象をモチーフとする文様が多く見られ、日本人がいかに四季の違いとそれぞれの特徴に強い関心を持ち、これをモチーフや主題としてきものの美に反映しようとしていたかがわかります。

例えば桃山時代の着物には、四季それぞれの植物が、時には季節ごとにまとめられ、時には取り混ぜて表わされます。ただ、春に着る着物だからといって、桜や蒲公英《たんぽぽ》といった春の植物、秋だからといって菊や紅葉だけが表わされるということではない点には、注意しなければなりません。むしろ、これら春と秋の植物に加えて、百合や椿といった夏や冬の植物も一緒に表わされ、四季すべてのモチーフが一堂に取り揃えられるのが普通でした。「四季文様」とも呼ぶべきこれらは、小袖や打掛などの一般の衣服だけでなく、能装束のような芸能衣裳にも見られますから、人々がその文様に求めたもの、表現しようとしたものは、それぞれの季節のモチーフが持つ季節感ではなく、自然の持つ生命力そのものの表現ではないかと思われます。

江戸時代になると、植物をモチーフとする文様が、桃山時代よりも多様な展開を見せるようになります。ここでもすべてが「植物文様＝季節感の表出」ということにはならず、季節感の表出以外の目的で植物がモチーフとされることが多くなっていきました。吉祥文様はその典型で、女性のきものにおいても、季節感を表わす文様よりも吉祥文様のほうが多いほどです。

吉祥文様は「おめでたいこと」を求め、喜び、そのことを知らしめる文様。「吉祥」という言葉自体がそもそも「よいしるし」「めでたいしるし」という意味を持っており、吉祥文様は、この概念を視覚化したものです。幸せを祈り祝う心は、物質的欲求とともに人間が本質的に持っている基本的感情です。それゆえ、日常生活においてこれが様々な形で姿を現わし、いろいろな現象や事物を生み出すことになります。常に身につけるきものにおいてはなおさらで、婚礼衣裳に限らず晴れ着や外出着、日常着にすらそれらは表わされました。おめでたいとされるモチーフや主題は、様々な形で意匠化され、女性のきものを飾りました。

日本の染織品に見られる吉祥文様を分類してみると、おおむね次の二種類に分けることができます。一つは、中国からもたらされ、その後日本で吉祥文様として定着したもの。これには、もともと中国で吉祥的な意味を持っていたものが、日本でもそのまま吉祥文様として使用されたものと、中国では吉祥的な意味合いがさほど強くなかったか、またはまったくなかったにもかかわらず、日本で独自に吉祥的な意味が与えられたものとがあります。

飛鳥時代から奈良時代にかけて、日本は中国の影響を強く受け、様々な文物が中国からもたらされました。文様も例外ではなく、中国で古くから吉祥文様とされていた龍や鳳凰、雲気などが日本でも吉祥文様とされ、その後長く染織文様として用いられました。しかしこれらの文様は、モチーフの姿が余りに異国的でありすぎたためか、衣服にはあまり用いられませんでした。

続く平安時代には、文化の国風化の動きに伴って、前代に中国からもたらされた吉祥文様に対しても取捨選択と和風化が行われました。吉祥文様として最も一般的な鶴の文様は、もともと中国でも亀の文様とともに長寿を象徴するものとされていましたが、その優雅な姿ゆえに、日本でことのほか愛され、その後吉祥文様の中心的存在として繰り返し意匠化されました。婚礼衣裳に最も多く見られるのは、この文様です。

また、きものに限らず吉祥文様としてわれわれに最も馴染み深い松竹梅文様は、松、竹、梅それぞれのモチーフは起源を中国に持つものですが、彼の地においてはいずれも特に吉祥の意味が強いというものではありませんでした。そもそも寒中に耐えて凜とする松、竹、梅は、中国では「歳寒三友」と呼ばれ、節操と清廉の象徴ではあっても、龍や鳳凰のように強い吉祥性を含むものではありません。しかし我が国では、松、竹、梅が持つこうした好イメージが拡大解釈され、特に近世以降、吉祥文様としての性格が強まっていったのです。

一方、純国産ともいうべき吉祥文様があります。例えば橘《たちばな》は日本で生まれた吉祥文様の代表的なものの一つです。橘は理想郷とされる「常世国《とこよのくに》」からもたらされる果実で、長寿を招き元気な子供を授かると信じられていました。正月の鏡餅の上に橙《だいだい》やみかんがのせられるのもそのためであり、また橘が婚礼衣裳や袱紗、嫁入り支度の風呂敷などにしばしば意匠化されているのも、こうした由来によるのです。

また江戸時代以降、吉祥文様として意匠化されるようになったものに、御簾や几帳、冊子、御所車といった王朝風の文様があります。これらは、人々の間に古き良き時代としての平安時代への憧れが生じるとともに、その感情が増幅されて、王朝期を連想させるモチーフに吉祥の意味合いを含ませるようになったと考えられます。宗教的な背景を持たず、優雅で華やかなその意匠は、それゆえにしばしば婚礼の衣裳に使用されてきました。

このような伝統的な文様は明治時代以降も女性のきものに受け継がれましたが、明治時代の後半から大正時代にかけては、化学染料や新しい染織技法の定着と、海外の美術や工芸意匠の影響を反映して、これらを下敷きにしながらも近代的な意匠が生まれました。鮮やかな色づかいと洋画的で写実的な表現を特徴とする文様がそれです。

やがて昭和になり、ついには戦争を境に女性の洋装化、和装離れが進みましたが、和装を着用する頻度が以前に比べて減ったとしても、きものに見られる文様は、日本文化を象徴するものであることには違いありません。時代が変わってもその心は現代まで伝えられていて、その文様から逆に日本人の伝統の心を窺うこともできるのです。

きものには日本の文化が詰まっている

弓岡勝美

私が日本の古いきものに魅了されて、コレクションし始めてもう三十年以上がたつでしょうか。当時、映画や舞台のヘア・メイクや着付けの道に足を踏み入れ、仕事を通して現代風のきもの、また時代衣裳を手にし、コーディネートする機会も多かったのですが、あるとき、それとは対照的なクリスチャン・ディオールのショウの仕事をさせていただきました。まだ日本人にはパリ・コレクションは珍しく、しかもディオール全盛の頃です。デザインや縫製のすばらしさはもちろんですが、何よりも色の美しさに圧倒されました。無地にしろ花柄にしろ、日本にはない色づかいでした。

しかし翻って大正時代のきものの楽しみ方を映画の仕事を通して知ったとき、日本のきものにはフランスやイタリアの色づかいとはまた別の、それに負けない魅力があることも実感しました。明治・大正のきものは、色と色を組み合わせ、文様に文様を重ねることでさらに力を増しています。それは西欧の服装にはない力です。また文様や柄に満ちあふれている遊び心。それは装うことを喜びとし、人生を存分に楽しんでいる様子がうかがえる、活力ある文様世界でした。そして興味深いことは、洋服はデザイナーが形も色柄もデザインし、着手はその形の中に体を納めればすむのに対して、きものは着る人自身がデザイナーでありコーディネーターである点です。着物に帯を組み合わせ、平面仕立ての着物を立体にしていくのです。また文様を考え、表現した染織の工人もデザイナーだったでしょうし、注文を受けて文様を工夫し手配した呉服屋も本来、コーディネーターだったようです。このように様々な生身の人間がからんで作り上げた一点のきものに込められた文様の面白さ。見ても見ても飽きません。

こうして私は、明治・大正・昭和初期のきものに惹かれ、どんどん入り込んでいったのです。きものや裂を集め、はては「壱の蔵」というアンティークきものを扱うショップを開くまでになっております。昨今のアンティークブームはもちろん基盤にありますが、放っておけば失われてしまうと思う焦燥感が、きものコレクションへと駆り立てるのです。きものに表われた日本人の感性、デザイン力のすばらしさをより多くの方に知ってほしい。文様の楽しさ、面白さを実際に身にまとうことで感じていただきたいと願うからです。きものの文様には、日本の風景、季節が写し取られています。また、さりげない文様の陰に和歌や謡曲の文学が潜み、風習や暮しの歴史が見て取れます。名画や優れた工芸品の影響も大きいのです。そういう意味では、きものの文様には日本の文化が詰まっている、と言っても過言ではないでしょう。染・織・刺繡などの文様を表現する技術のすばらしさと、かけている手間暇の丹念さは、残念ながら現在では失われかけ、許されなくなっているものです。その面では日本の工芸文化の残照を見る思いもあります。

本書『きもの文様図鑑』は、私の手許に集まり、そしてまた各地に散っていく運命のきものコレクションから、とくに選んで、明治・大正・昭和初期のきものにはどのような文様が表現されていたかを記録にとどめたいとの思いを込めて編纂したものです。長崎巌先生に丁寧な監修をいただけたことは望外の光栄ですし、世に出す安心の柱となりました。厚く御礼申し上げます。

記録にとどめるといいましたが、きものの文様は長い時をかけて生き続けてきたものです。ことに明治・大正・昭和初期は日本も活気に満ちた時代ですから、きものの文様も、古典風ありモダンなものありと、多彩な表現をカバーしています。現代においても生きている、お召しになれる文様なのです。そしてきもの関係者だけでなく、図案創作に、デザイン発想の源にと多様に活用できるのではないかと考えております。それが世界に類を見ない独創的な文様を、長年かけて遺してくれた先達たちへの返礼とも思うのです。

編集は限られた期間でしたので、収録し残した文様もありますし、今後さらに優れたきものも出てくるでしょう。これを第一次の通過点として、皆さんのご教示を仰ぎながら『きもの文様図鑑』が充実したものになるよう、願ってやみません。

植物の文様

［緋色紋綸子地花束文振袖］

［黒縮緬地花籠文振袖］

花丸文《はなまるもん》

花の丸ともいい、各種の草花を円形に図案化した、丸文の一種である。それこそ花の数だけあるわけで、また写実的なもの、図案化が進んだもの、二、三種を組み合わせたものも花丸と呼ぶ。能装束や小袖から、現代のきものや帯に至るまで、伝統的に愛好され伝えられた古典的趣を有する文様。洒落《しゃれ》紋として、刺繍による花丸をつけることもできる。現代においては、風呂敷や袱紗《ふくさ》に、袋物にと、さらに用途は広がるであろう。本書では、各植物の項目においても紹介している。

[花丸《はなまる》]
上から、梅竹の丸と竹の丸の重ね、若松、菊、梅竹と、松竹梅、それに菊のめでたい花丸を配した意匠。全体で吉祥文を構成しているので、正装に用いることができる。同じ花丸の意匠を織り出した地に刺繍の帯。

[花丸《はなまる》]
菊、牡丹、梅、橘、藤、竹、楓、桜、蘭といくつかデザインを変えての花丸尽し。幼女用の帯なのでなんとなし意匠もかわいい。花丸の見本帳として、このまま洒落紋にも使える。羽二重地に刺繍で表わす。

花筏文《はないかだもん》

本来は桜花が水面に散るとき、寄り集まり一団となって、それ自体が筏状になっている様子を美しく「花筏」と呼ぶが、文様としては筏に桜花や折り枝を配したものも呼び、後者が多い。本来の意味と花の美しさから花筏に配する花は圧倒的に桜が多いが、進んで、筏に他の花を配したものも花筏というようになった。写真はその例である。現代では、花筏文様が主題の着物や帯の場合は、その花の散る少し前の、限られた時季が適しているであろう。

［萩花筏《はぎはないかだ》］筏は竹や木材を組んで、人や物を運んだり、筏自体を流して移動させたりと、森林の地日本では古くから行われていた風習で、それだけ身近になじんだ光景だったのだろう。筏に花をのせるとは、日本人の風雅なこと。夏衣裳の文様である萩を添えて。紋紗地に手描き友禅の着物。

［菊楓花筏《きくかえではないかだ》］ほどけそうになった筏二艘に、菊と紅葉がのる。花筏に流水はつきもので、ここでは変り観世水という形で流水を表現している。緞子（どんす）地に刺繍の帯。

花束文《はなたばもん》

吉祥文の花熨斗文に対して、水引または色糸で結んだだけの図柄は花束文といい、より現代的な趣が感じられる。草花の種類によって、袷に、単衣にと着る時季を指定したり、逆に17頁の花束文振袖のように四季の草花をとり混ぜることで時季を限定しない表現も見られる。着物にも帯にも用いられる文様。

[花束]《はなたば》
上に水引の結び、下にも下がりがあって吉祥文の薬玉文の変化かとも見えるが、かなりくずしてあり、花束としよう。菊、牡丹、梅に楓ととり混ぜ丸く作って、和のフラワーアレンジ。繻子(しゅす)地に刺繡帯。

[花束]《はなたば》
百合と女郎花(おみなえし)、薄の秋草を色糸で束ねた、近代的描写の花束。洋画の表現の影響も感じられ、現代なら帯にも訪問着の裾の模様にもとり入れられるだろう。友禅染に一部刺繡を加えた鬼縮緬裂。

[花束に波]《はなたばになみ》
かなり意匠化の進んだ花束文で、桜梅の枝二、三本を色糸で束ね、それに波を配した構成。鮮やかな色づかいといい、意匠の可憐さといい、まるで千代紙のよう。こんな総文様はやはり幼女から若い娘時代しか着られまい。型友禅に刺繡を加えた縮緬地帯。

花籠文《はなかごもん》

竹で編んだ籠に花を摘み入れたり、盛り込んだりした意匠だが、単に花の美しさを表現した文様ではなく、古代中国から伝わるいわれがある。八仙人の一人韓湘子は、破衣をまといながらも美しい花籠をいつも持ち歩いていたが、ある日、笙の音とともに鶴に乗って天空に飛び去ったという。この伝説から花籠が美しい仙女を象徴するものとされ、画や陶器、蒔絵、そして小袖の文様に使われた。ここで紹介するのは簡潔な花籠文だが、18頁の振袖のように大きく模様づけされると、実に豪奢である。現代でも古典的意匠として晴着にとり入れられているのももっともだ。

［花籠《はなかご》］
質素な手籠に秋草を入れた花籠。花籠は籠の形状とどんな花が入っているかによって格と豪華さが異なってくる。唐物籠に牡丹などは豪華の上位だ。これは秋の野に遊ぶような、つつましい趣の花籠で、夏から秋口に広く応用できる文様。絽縮緬地刺繡半襟。

［花籠《はなかご》］
縮緬地に染められた裂。手綱状に段々に染め分けており、花籠は細く糊で白上げして染め出されている。また細い線描きと染め技法は繊細で、洗練された趣味性がうかがえる。

花車文《はなぐるまもん》

花籠文の変化かどうかは定かではないが、江戸時代に入って盛んになった文様。室町時代に華道が誕生し、やがて貴族や武家の間で花を飾ることが風習になり、江戸時代には町人層においても憧れを込めてきものの文様のモチーフにとり入れられた。車と四季の花を組み合わせた文様で、御所車の屋形の代りに花を差したもの、車の上に花籠を乗せた意匠、源氏車に花をあしらったものなど、様々な表現が見られる。能装束にも籠目文を下敷きに花車を織り出した唐織などがある。華やかな王朝趣味の意匠として現代にも愛され、礼盛装に用いられている。

［花車《はなぐるま》］
御所車の車は大きな二輪、その上に花籠を乗せているが、花は現代の生け花に通じる立華風だ。牡丹、菊、楓を配して季節に関わりない。花車は各種の花を盛り込んで、季節性を超えているのが特徴。織り帯。

［花車《はなぐるま》］
籠の中には牡丹、つつじ、杜若、梅、桜に菊と百花繚乱。御所車や花車文は婚礼衣裳に用いられることが多く、振袖模様に用いても若々しい華やぎがある。手描き友禅一越地留袖。

唐草文《からくさもん》

唐草の木綿風呂敷は、布団を包み、タンスにかけ、引っ越し荷物を守りと、戦中までは庶民の暮しに活躍したものだ。唐草は日本人に最もなじみの文様かもしれない。蔓状の曲線をつないで作られる、あるいは蔓草がからみ這う形を描いた唐草文は、実に種類が多く、その歴史も長い。名のとおり日本には中国から伝わったが、起源は西アジアともいわれ、シルクロードを経て中国に伝わったもの。日本では唐草文はどんどん変化し、江戸時代には蔓のない桐、松、菊、竜胆《りんどう》など好みの植物をもとり込んで様々なバリエーションを創案し、什器や陶磁器に、そして染織にと愛好され、今も古くて新しい文様である。

［唐草《からくさ》］
これは木綿風呂敷。唐草文の伝来時には幾何学文様に近かったのが、奈良時代後期になると茎と葉が意識して表現されるようになり、後に様々な葉や花に変化していくが、初期の唐草文を伝えるような簡潔な意匠。

［葡萄唐草《ぶどうからくさ》］
これは近代になっての意匠だが、葡萄唐草は正倉院御物にも多々見られる。当時、実在の植物を意匠化した唐草は葡萄だけで、ワインを造る地が唐草の生れ故郷と知ればなるほどだ。牡丹唐草とともに古くからある唐草文。織り帯。

［蔓唐草《つるからくさ》］
風呂敷の唐草よりさらに幾何学的な感じなのは、葉もなく、蔓のみの美しい曲線を見せているから。いかにもモダンで現代に充分利用できる意匠。繻子地に刺繡の帯。

［蔓唐草《つるからくさ》］
細い縞柄に大胆に蔓だけの唐草を織り出した夏お召。花と組み合わせた唐草も華やかで美しいが、抽象化したような簡潔な蔓唐草はむしろ現代のきものに洋服生地に、若い方にも抵抗なく用いられるだろう。

［菊唐草《きくからくさ》］
鉄線、藤、瓜などの蔓性の植物はもとより、桐や松、梅などまで蔓でつなぐようになった江戸時代の唐草には、菊も意匠化されていた。現代でも具象的な菊唐草、牡丹唐草などが染や織の文様にとり入れられ、愛好されている。緞子袱紗。

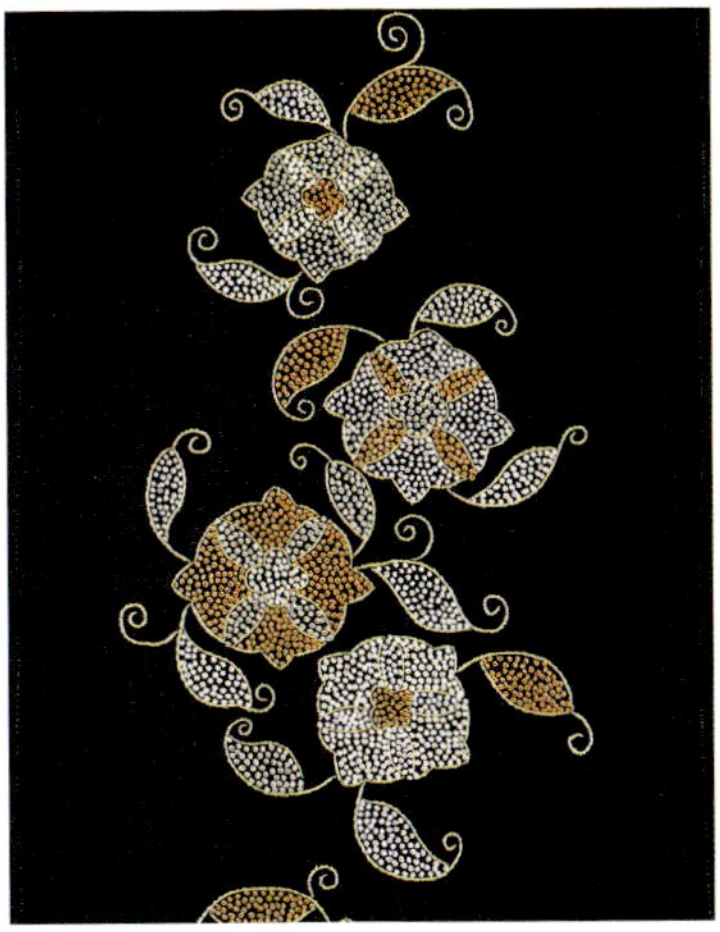

［花唐草《はなからくさ》］
近代でも唐草は様々に応用変化されて文様となっている。これは西洋風な意匠で、葉と茎を蔓状に処理している。葉や花の中を相良繡いで埋めているのも新鮮で、モダンな雰囲気だ。縮緬地半襟。

花唐草文《はなからくさもん》

飛鳥の昔に唐草文が伝来した当時、人々にとってそのモチーフは想像もつかず、それゆえ「唐」の字をあてたのだろう。その後、平安時代になって文様の和様化が進み植物の唐草文が現われても、選ばれた素材は牡丹にしろ、蓮にしろ菊、桐も、ある種異国的であったり、仏の花だったり、身近ではない特別視された植物が多かった。唐草文は普通の植物文様とは違うのだ。花唐草といわれる文様も、花に模してはいるが何の花か特定できない花。「唐」に込めた意味はやはり中国から伝来の「唐花文」も同じで、複雑多弁な花形文様の総称だが、これも特定の花を意匠したものではない。むしろ宝飾品かと見まがうほどだ。

［花唐草《はなからくさ》］
花形に象った意匠に蔓を配した唐草文の一つ。近代の作品だから花は梅かな、牡丹かなとは思うが、やはり違う。花唐草は季節を象徴する一般の植物文とは違うから、季節を問わず用いることができる。羽二重地型染め帯。

［花唐草《はなからくさ》］
茎と葉を唐草状にデザインし、花も実在のものを写したわけではない。その意味で現代の図案、デザインに通じる抽象性をもつのが花唐草だ。きもの以外にもインテリア用品にとり入れることができる文様。織り帯。

［花唐草《はなからくさ》］
仏教の装飾に用いられる「宝相華（ほうそうげ）文」に似ている花唐草。どちらも空想によって美しいと思う花を創り出している。織り帯。

［唐花文］ からはなもん

正倉院裂などの上代裂に遺る唐花文は唐の時代に最も華麗な様相を見せた。理想化した花を真上から見た形に様式化されている。平安時代になってさらに宝飾の要素を強めながらも用いられ続けた。これはその流れを引きながらも現代化されている。縮緬地染分け雲紙に唐花文の着物。

春の草花

福寿草、早蕨《さわらび》、土筆《つくし》、たんぽぽ。春の野は一瞬目を離すと見落とすくらいに、次々に芽を出し、蕾を持ち、花開かせてくる。自然に生える野の草花は、きものの文様としてはとくに一般的ではなく、文様として意匠化されることも多くはない。またそのほとんどが、写生的な表現である。しかし、限られた一瞬の時季ならばこそ、早春の草花の図柄を身にまとうと効果的、着映えがするともいえる。

［春の野図］《はるののず》
婚礼衣裳の黒振袖の裾に配された文様だが、早春の婚礼に合わせて用意され、花嫁の初々しさを引き立てたであろう。若木の芽吹き、土筆、たんぽぽ、桜草、菫、早蕨などによって春の野を表現。このうち早蕨は蕨熨斗（わらびのし）へと変化した。のしと続けて書く仮名が早蕨の姿に似ているからだ。紋章にもいくつかの蕨紋が見られる。手描き友禅の縮緬地振袖。

［福寿草《ふくじゅそう》］

福寿草は貝原益軒が「元日草」と記したように、正月に鉢植えを飾る。正月の衣裳には時季を得ているだろう。福寿草単独文なら、染や刺繍で帯に、また年配者の付下げ訪問着の褄（つま）に用いるとよい。

［桜草《さくらそう》、土筆《つくし》］

桜草と土筆をかなり現代風に意匠化して描いている。野菊なども配しているのは、着る時季の幅を広げる目的もあるだろう。手描き友禅を中心に、花弁や葉脈に刺繍がほどこされている。縮緬地着物。

［たんぽぽ、れんげ草《たんぽぽ、れんげそう》］

たんぽぽとれんげ草という昔ながらの草花を写生的にとらえている。手描き友禅一越地着物。

［菫《すみれ》］

総称名のスミレは多種類を含むが、これはタチツボスミレか。薄く雪をかぶった芝草（雪芝文）を添えているのは、未だ寒さのある時季に健気に咲く様を表現するためであろう。ふくれ織に刺繍の帯。

［土筆《つくし》］

「つくし誰の子、すぎなの子」というように、土手に生える土筆とすぎな。短い間しか着られない文様を、わざわざ織で表わしている凝ったもの。お召比翼着物。

［れんげ草《れんげそう》］

右上の写生的なれんげ草に比べて現代風に意匠化されているのは、全て刺繍による表現のゆえもあるだろう。モダンな新しさがある。ふくれ織の帯。

梅文《うめもん》

植物文のうちでも梅は古来、日本人に最も親しまれ、文様としてもとり入れられてきたものである。原産地は中国とはいえ、奈良時代に日本に伝えられた梅は、その愛らしい花の姿、独特の幹や枝ぶり、寒中に漂う芳香から、万葉集にも数多く歌われ、菅原道真の「飛梅」伝説、謡曲「鉢の木」など逸話も多い。文様としては、絵巻や浮世絵ほかの絵画に、器物や屋内装飾にと多彩に表現されている。江戸時代の尾形光琳による「紅白梅図屏風」（ＭＯＡ美術館蔵）が有名である。もちろんきものの文様としても、この光琳の流れをひく華麗な表現をはじめ、さらに意匠化したもの、自然風物と組み合わせたものと、幅は広い。

［枝梅］《えだうめ》
梅文は、梅の花を写実的に、あるいは図案化した表現で表わした梅枝文と、丸を五弁花に見立てて配列した梅鉢文に、大きく分けられる。これは枝に咲く花と蕾を写生風にとらえた梅枝文だが、手法は刺繍によるので、意匠化もされている。梅の花の時季は限られて短いから、このように梅だけの文様の場合、身につけるのは正月から立春の頃までがやはりふさわしい。繻子地に刺繍の帯。

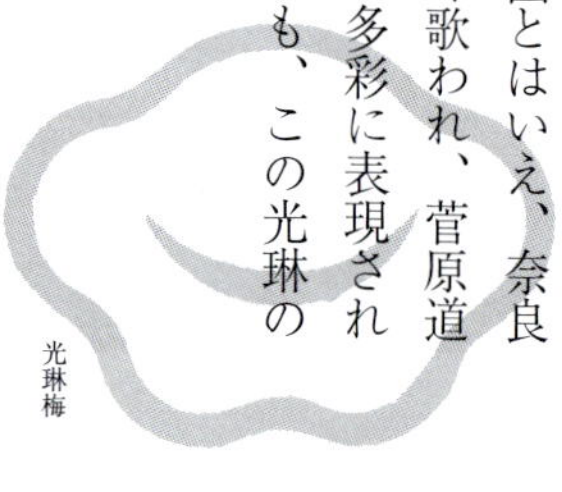

光琳梅

［光琳梅の丸《こうりんうめのまる》］
尾形光琳画の印象的な部分を意匠化したものを光琳文様といい、個のモチーフを光琳なにがしという。植物は丸みをもった線や面で描かれ、これはその光琳梅を枝とともに丸に図案化したもの。

［ねじ梅《ねじうめ》］
ねじ梅は梅文特有の意匠で、花弁をひねって、ねじれた形になっている。日本人が考案した、グッドデザインだ。このねじ梅は花弁が五つ以上あるから、八重咲きの梅をねじった意図か。

［光琳梅《こうりんうめ》］
同じく光琳梅で、上の梅花とともに見ると、光琳風と呼ぶ特徴がつかめるはず。梅の枝を直線的に描いて、枝の間を染め分けているのが面白い。友禅染に花と蕾の輪郭は箔置きで。縮緬地着物。

［ねじ梅《ねじうめ》］
雲立涌(くもたてわく)を金糸で織り出し、ねじ梅を絽刺した帯。花弁の中も刺繍で葵や幾何学文などで埋めているのがすごい。雲立涌は有職文であり吉祥、梅もここまで意匠化されていれば、あまり季節にとらわれることなく、正装の場にも用いられる。

ねぢ梅

糸輪に覗き梅鉢

梅鶴

三つ盛香い梅

糸輪に香い梅

［光琳梅《こうりんうめ》］

前頁と同じ光琳梅。細い糸で織られた古い縮緬裂で、江戸中期以降のこの文様の人気がわかる。梅とともに染められているのは「松菊」、笠形の松に見立てた菊の図案。梅の枝もそれに合わせた形になっている。梅と秋の菊を揃えているので、秋冬春と着通せる。

［槍梅《やりうめ》］

梅の新枝は天に向かって雄々しく伸びる。その様を槍に見立てての名。これは二枚重ねで着たものの中着で、表着は松竹文。二枚で松竹梅となる吉祥の組合せである。現代では着物と帯の組合せにもってきてはどうだろう。手描き友禅に刺繍の縮緬地。

［槍梅《やりうめ》］

立ち梅ともいう槍梅を、上の文様よりさらに意匠化したもの。槍梅はこのように真っ直ぐ立てて並べた大胆な意匠が多い。友禅染に刺繍を加えた、縮緬地帯。

［梅鉢《うめばち》］

まわりに五つの丸を配して梅とわからせる梅鉢文は、中心が小さな丸の星梅鉢と、剣状の蕊(しべ)になった剣梅鉢、またいろいろ変化も多い。利休緞子の梅鉢文はよく知られている。

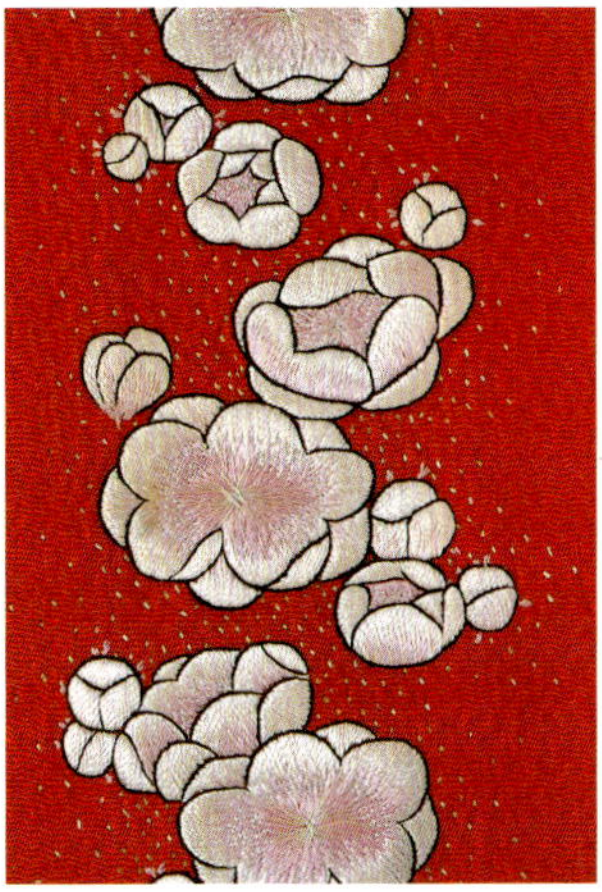

［梅寄せ《うめよせ》］

八重咲きの梅を意匠化し、蕾と一緒に寄せ集めて。鬼縮緬地の刺繡半襟。色半襟が盛んだった大正頃は、短い季節を楽しむように、梅文を染めたり刺繡したものも多い。

［梅の丸《うめのまる》］

梅の花枝を丸くデザインした花丸文の一種。枝を巧みに使って円を表現するのが見せ所だ。これは八重梅の梅の丸。

［滝に梅《たきにうめ》］

金糸で滝の波を表わし、白梅の枝はいかにも華麗にびっしりと刺繡した半襟。梅と何を組み合わせるかを工夫した工人の気持ちが伝わるようだ。

［霞に梅《かすみにうめ》］

春霞に梅をのぞかせて。地味な色合いながら春を心待ちする心情が託せる。鬼縮緬地刺繡半襟。

［柴垣に梅《しばがきにうめ》］

上と同じく取合せの妙で、流水、垣、梅花で埋めている。文様で埋める手段としては水や垣はしばしば用いられる。

牡丹文《ぼたんもん》

牡丹は中国の原産だが、花の豪華なことから彼の地では「百花の王」とされ、富貴の象徴であった。日本には奈良時代には伝えられたようだが、一般に人気の文様となったのは、花自体の栽培が進んだ江戸時代からで、襖絵や衝立、屏風、食器類に「文様の王」のごとく用いられてきた。染織品でいえば名物裂に各種の牡丹唐草文が見られ、蟹牡丹(蟹が鋏をもたげたような形の大牡丹)は直垂《ひたたれ》から緞通《だんつう》にまで広くとり入れられてきた。牡丹文自体の種類も多く、紋章にも多い。きものでは意匠化された図案風な牡丹文からやがて絵画風、写生的な表現が好まれるようになり、現代につながっている。

[寒牡丹《かんぼたん》]
牡丹といえば春爛漫のものだが、これは雪や寒さを菰(こも)で守って一月、二月に咲かせる牡丹を写したものゆえ、逆に冬に用いる文様。寒牡丹は鎌倉・鶴岡八幡宮、上野・寛永寺が有名。手描き友禅に一部刺繍の塩瀬地帯。

[牡丹に楓《ぼたんにかえで》]
狩野派を思わせるような、牡丹古木の表現。春の牡丹とともに秋の紅葉を配しているのは、袷なら季節を問わずに用いることができ、太鼓部分をずらして季節に合わせることもできるから。型友禅の羽二重地帯。

［牡丹の丸《ぼたんのまる》］
牡丹を丸く意匠した形は様々あり、紋章にも秋田、津軽、仙台、鍋島藩など牡丹が各種みられるが、これは写生風の牡丹花を丸くまとめた表現。花丸文の一つ。手描き友禅の塩瀬地帯。

［牡丹枝《ぼたんえだ》］
蕾を持つ牡丹花を刺繡で表現。抑えた色づかいながら牡丹の華やかさは伝わる。鬼縮緬地半襟。

［唐獅子牡丹《からじしぼたん》］
蝶に牡丹、獅子に牡丹の取合せは、舞踊の鏡獅子を見てもわかる。この意匠は唐獅子牡丹を象徴化したもので、獅子毛に図案化した牡丹、紐結び、扇面を配し、能装束風な趣もある。刺繡に箔置きの帯。

［変り牡丹《かわりぼたん》］
牡丹花を刺繡で表現。花弁部分を匹田のように升目に埋めているのが面白い。楊柳地半襟。

［牡丹寄せ《ぼたんよせ》］
牡丹で埋め尽くしている総柄だが、花の色、葉の色と動きを自由に表現して、モダンなものとなっている。現代のプリント柄にも。型友禅に一部刺繡の紋綸子地着物。

［流水に牡丹《りゅうすいにぼたん》］
牡丹と菊を図案化してびっしりと刺し、流水と匹田文が配してある王朝風の意匠。縮緬地半襟。

桜文《さくらもん》

桜は平安時代に貴族に愛好され、それまで「花」といえば梅を意味したものが、桜がとって代わった。それだけに桜文は衣服、家具、食器にと広く用いられた。桜文を大きく分ければ、枝に咲く様、桜花、そして一瞬に散る様を惜しんで花筏や桜川など流水と組み合わせたものがある。桜の種類も枝垂桜、八重桜、山桜など多様である。日本を代表する花であり、日本人が愛好する文様なので、単に季節を象徴するのではなく〝花の文様〟として季節にこだわらず用いられる。

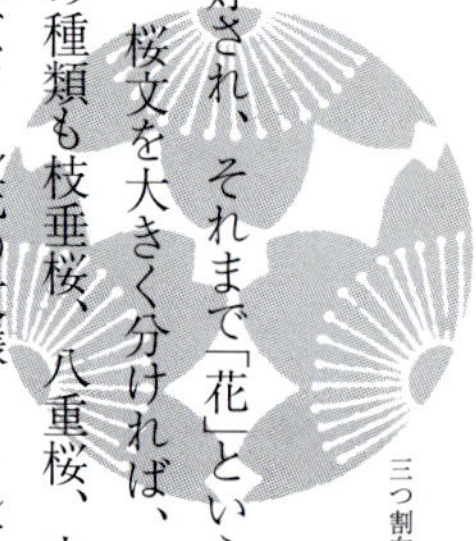

三つ割向い山桜

［枝桜《えだざくら》］

枝橘、枝梅のように枝についた様を表わし、枝桜も文字通り枝に咲く、あるいは枝を折った様を絵画的に表わしている。これは糸の細い縮緬裂だが、多分、長襦袢だったろう。型友禅。

［枝桜に帙《えだざくらにちつ》］

折った一枝の桜に、冊子を納めた帙を配した、王朝風の雅な文様。縮緬裂で、着物の袖部分と思われる。手描き友禅。

［八重桜《やえざくら》］
ぽってりと花びらを重ねる八重桜。雲取りでほかに御所車、橘、松、藤棚などが配されている御所解き文様風で、袷なら時季を問わない。手描き友禅に刺繍の紋綸子地着物。

向い山桜

月落ち桜

［枝垂桜《しだれざくら》］
たおやかな枝が下に垂れ下がる枝垂桜は、優美な姿を愛でられ、能装束や小袖にも用いられた文様。これは少し図案化し、波頭文を配してある。手描き友禅の縮緬地着物。

［桜唐草《さくらからくさ》］
小桜散らしに蔓をあしらって唐草風にしてある。花唐草は多々あるが、桜は珍しい。縮緬地刺繍半襟。

［枝垂桜《しだれざくら》］
上よりいっそう大胆に意匠化された枝垂桜。いくつかの花と蕾、葉は染で、いくつかの花は刺繍で埋めている凝った仕上り。一越地の帯。

［小桜《こざくら》］
小さな桜花を一面に散らした文様で、小紋によく見られる。同じ花形のものを割り付けることも多い。小紋型染一越地着物。

藤文《ふじもん》

四、五月ごろ、白や紫の見事な花房を下げる藤は、古くからその美しさをうたわれ、わざわざ藤見の会なども催されてきた。平安後期はことに藤原氏全盛の時代で、象徴として尊ばれ格高いものとなった。藤を文様にすることも盛んで、藤を主題にした有職《ゆうそく》文はこの藤原氏の時代に意匠化されたという。藤立涌、藤丸、八つ藤、巴藤、藤蝶花菱などがそれである。紋章にも多く藤文が見られ、花房が下を向く下り藤、上向きの上り藤、藤菱、また各公家、大名家の藤紋がある。きものの文様としては近代、有職文の藤文は地紋として使われることがほとんどで、藤の単独文様のきものならば、やはり季節に添わせたい。

［枝藤《えだふじ》］江戸時代、衣裳ではないが、野々村仁清の「色絵藤花文茶壺」が有名で、日本の工芸品を代表するものとなっている。垂れ下がる藤を色絵で見事に表現している。これはもちろん格は落ちるが藤枝を描写した、定番の写生風藤文。着物に帯に小物にと応用できる意匠。鬼縮緬地刺繍半襟。

［藤花房《ふじはなぶさ》］

満開の藤はぽったりと重くすら感じられて、まさに花房の言葉が似合うが、その様子を意匠化したもの。日本料理の飾り切りにこのような盛付けがあり、藤造りと呼ばれている。藤の花の定番表現の一つ。楊柳地刺繍半襟。

［藤唐草《ふじからくさ》］

蔓を伸ばす藤を唐草に意匠することは容易に思いつくことであろう。唐草にすることで面を埋めることができ、安定した意匠となるが、これは藤花房自体も唐草状にして、華やかさを出している。繻子地に刺繍帯。

［藤に霞《ふじにかすみ》］

藤文の一つに「藤棚文」がある。竹の棚から垂れ下がった藤の意匠化で、古くから藤が観賞用として栽培されていたことがうかがえる。この作品は棚はないが垂れ下がった藤に霞を配して、春ののどかさを感じさせる。手描き友禅の塩瀬地帯。

花藤

変りばら藤

桐文《きりもん》

五月、六月に紫色の花を咲かせる桐だが、文様としての桐は、その季節感とは離れたところにある。それは帝王を象徴する鳳凰は桐の木に棲み、竹の実を食べると中国より伝わったことから、桐文は高貴なものとされ、天皇の紋章としての桐紋は菊とともに本来、皇室専用のものだった。それが一説によれば足利尊氏に下賜され、有名なところでは豊臣秀吉に与えられ、さらに彼等が家臣に与えと、家紋としての桐紋は広がり、多様になったようだ。意匠としての桐文も、鳳凰と組み合わせれば吉祥文として季節を問わず、桐だけであってもある種の格とめでたさを表象して、季節に関わりなく用いられている。

［桐］《きり》
実際の花姿を知らないでも判じられるほどパターン化されている桐文だが、これは比較的自由に表現された桐の葉と花。清少納言が『枕草子』で「あの手をひろげたような葉の格好は、ぶざまでいやな物だが…」と書いているが、この意匠はその葉をうまくとり込んである。葉を白く残して染め、刺繍した帯。

［桐］《きり》

少しくずした桐文で、葉と花、蕾を陰陽で表現しているのが、ある種モダン。この程度なら、あまり固苦しくなく着ることのできる桐文ではないだろうか。手描き友禅紋綸子地着物。

［桐］《きり》

紋綸子地着物に、松や鶴、鴛鴦(おしどり)などとともに描かれている一部で、花桐がめでたい文様として扱われている例。色づかいにも華やぎがある。実際には葉から花は咲かないが、この組合せが桐文の定番である。手描き友禅に刺繡。

［桐唐草］《きりからくさ》

意匠化した桐文を唐草でつないだ文様を桐唐草文といい、桃山時代以降、工芸品ほかいろいろなものにとり入れられてきた文様。これは破れ入子菱に桐唐草を刺している。楊柳地半襟。

［五三桐］《ごさんのきり》

桐の葉の上に規則的に三、五、三の花を配した桐文で、紋章の定番でもある。ほかに五、七、五の花を持つ五七桐もあり、その変化も多い。これは黒留袖の裾に格調高く配されたもの。刺繡。

葵文《あおいもん》

現代の若い方にも知られているように、徳川家の家紋は「三つ葉葵」であり、一族や家臣に様々な葵紋の変化が見られるが、もともと葵文は植物の葵をモチーフにした文様。葵の茎は地上を這ってひげ根を出し、そこから茎が伸びて長い葉柄の二枚の葉が出るのが特徴で、これを二葉葵と呼ぶ。京都・賀茂神社の神紋で、神社との縁で徳川家の葵紋となった。それゆえ江戸時代には徳川一族以外は葵紋および葵の文様の使用をはばかり、ここに紹介するのも明治時代以降の意匠である。ハート形の葉が特徴で、長い茎を巧みにとり入れた文様、水と組み合わせた水葵文なども見られる。

［葵《あおい》］葵の茎、葉、花を曲げ輪状に配した意匠で、黒地に押さえた色づかいでの表現にりんとした気品がある。葉の葉脈を表わした線柄は葵文独自のもので、徳川の葵紋にも見られ、左頁の三点にも共通である。綾地染に一部刺繡の帯。

［二葉葵］《ふたばあおい》植物としての葵の自然の生態である、茎から同時に頭をもたげる二枚の若葉を意匠したもの。渋いくるみ色地を引き立てる、大胆な彩色であり、現代にも参考となるだろう。手描き友禅紋綸子地着物。

［葵唐草］《あおいからくさ》葵の長い葉柄を唐草状に配したもの。面白くデザイン化していても、葉の表現は伝統的なもので、古典の趣がある。縮緬地刺繍半襟。

［立葵］《たちあおい》徳川家の三河以来の譜代大名本多家の名を冠した「本多立葵」という紋がある。二葉葵にもう一葉が寄り添ったもので、忠臣の心意気がそこはかとなく感じられるが、この立葵も土中から伸び繁り、支え合っている。絽縮緬地刺繍半襟。

［葵丸］《あおいまる》葵の茎を使って、丸く意匠した花丸文の一種。これは丸帯に配された文様の一部で、ほかの鶴なども全て丸く意匠化されている。めでたさと格を表わしている。現代なら最上格の帯として、婚礼衣裳ともなるだろう。

ほかの花

野に山に庭に、芽吹いた若木や草花は、次々に花を咲かせ葉を繁らせる。きものの文様として定着している、梅、牡丹、桜、藤などの花木のほかに、春から初夏には様々な植物がきものを彩る。そのいくつかをご紹介しよう。吉祥文様として、あるいは図案化されて季節を超えて使われる植物文とは違い、これらの花木草を写したものは、むしろ今その時の季節をとらえる絵柄といえよう。花の季節に遅れては興ざめで、少し早い時季をとらえて身につけるならば、感嘆の声が上がることとなるはず。自由自在に季節に添って、きものに自然をとり入れる発想は、やはり現代のものであろう。

[蕗《ふき》]

春の山菜として食される蕗の葉だが、この意匠は春盛りではなく初夏のやつがれた蕗の風情を表わしている。紗の地に匹田絞、染、刺繍をほどこした夏物着物。葉の面を他の文様で埋めるのは、よく見られる手法。

[つわ蕗《つわぶき》]

つわ蕗は濃緑のぶ厚い葉と太い茎が特徴で、冬に黄色の花をつける。この冬の花つわ蕗を、やつがれた葉とともに、あえて逆の夏衣裳の文様にしている。暑さに冬の冷気を呼び込む涼しさの演出であろうか。型染紗地着物。

［猫柳《ねこやなぎ》］
柳の木枝はきものの文様にはよくとり入れられるが、多くは初夏から夏のもの。しかし猫柳は種もちょっと違って、しっかりした枝先にふわっとした猫毛のような花穂をつけ、まるで春灯のように春の先駆けを表する。縮緬地刺繍半襟。

［躑躅《つつじ》］
ひと口にツツジといっても、野生種、園芸種を合わせてその種類は多い。レンゲツツジ、ミツバツツジ、サツキ…これはどの種を写したものか。五月から初夏にかけて華やかに咲き続ける花木だ。型友禅紋綸子地着物。

［春蘭《しゅんらん》］
蘭の種類は現在では無数ともいえる多さだが、これは中国から伝わり、四君子のテーマともなり、かつては身近に自生していた蘭。名の通り春を象徴する草花。これは縮緬地半襟に刺繍されたものだが、年配者の褄模様にも品よくマッチする。

［麦の穂《むぎのほ》］
大麦、小麦ともに世界で最古といえるくらい古代からの農作物。日本でも弥生時代からあったという。主として稲の裏作として耕作されてきており、「麦秋（ばくしゅう）」という季語は麦の収穫時季の初夏を指す。これは大麦か。手描き友禅塩瀬地丸帯。

酢漿草文《かたばみもん》

カタバミは、現代の都会の路地や庭の片隅にも見られる多年草。地面を這った茎が立ち上がって三小葉の葉をつけ、黄や薄紫の小さな花をつける。いつの間にこんな所に、と見落とされるくらいのささやかな草だが、日本人の生活上、その歴史は古く、実用にもされてきた。それは茎や葉にしゅう酸が含まれて酸っぱく、そこからこの漢字が当てられた。この酸を利用して、カタバミの葉で鏡を磨き、皮膚病の薬にもされた。それだけ身近な草は、平安時代から文様化され、紋章として旗指物に印され、きものの文様ともなってきた。紋章としては桐紋の次に多種多様で、紋章の場合は「片喰」の文字が当てられている。

［酢漿草散らし《かたばみちらし》］

かたばみの何よりの特徴は、ハート形をした小葉が三つ集まって一枚の葉を構成していることで、この型染は、その葉を最も単純化して散らしたもの。片喰紋の多くも、この葉形を意匠化したものである。きものの文様としては季節に関わりなく使われるものの一つである。縮緬裂。

糸菱横見片喰

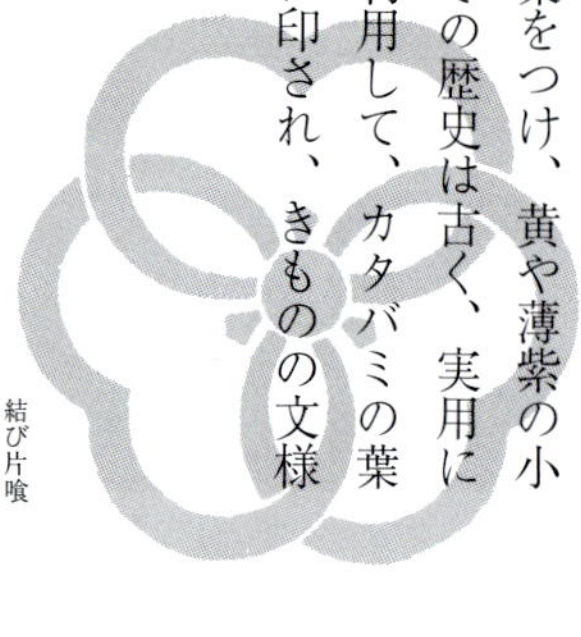

結び片喰

［紫陽花《あじさい》］

梅雨の頃となると、その雨を受けて紫陽花がひときわ鮮やかな風情を見せる。これは刺繡半襟だが、絽縮緬地に刺されたことからわかるように、現代では五月下旬から六月のもの。

［木蓮《もくれん》］

みんなの目になじんだ木蓮の枝花を写実風にとらえた文様。木蓮は四月から五月、白木蓮に遅れて、葉をつける前にまず花を咲かせる。これを単衣用の布地に染めてある。型友禅着物。

［額紫陽花《がくあじさい》］

ぽってりした紫陽花に比べて楚々とした風情の額紫陽花。六月から七月に花開くこの花木を、紗袋帯に織り出して締めた戦前の人は、季節感に敏感、かつ贅沢であったと感じさせられる。

［夏の花《なつのはな》］

この絵柄を見て夾竹桃だという人もいるし、いやオオデマリだという説もある。きものの絵柄は写実のようでいて不確かであり、そこが文様とされるゆえんだろうか。縮緬地着物。

［白木蓮《はくもくれん》］

春の日差しを感じるようになると、こぶし、大山蓮華、木蓮、朴の木とモクレン科の木々がリレーをするように白い花をつけていく。これは白木蓮、三月から四月に花を開かせ、いかにも春先の文様。

［芥子《けし》］

芥子の花は五月頃、次々に可憐に咲く。琳派の画人は長い茎の頭に咲く芥子の様子を好んで描いているが、この芥子はそれらよりは賑やか、西洋種のような風情。紋紗地染め帯。蕊の部分は刺繡。

夏の植物 杜若文《かきつばたもん》

アヤメ科の植物には、山野に紫の花を咲かせる菖蒲《あやめ》、湿地に赤紫の花を咲かせ華麗な花の栽培を競ったりもする花菖蒲《はなしょうぶ》、湿原に青紫や紫の大振りの花をつける杜若などがあり、まさに「いずれあやめか、かきつばた」と美しさを囃すように、一見区別がつきにくい。きものの文様にとり入れられているのは、たとえ花姿は花菖蒲に似ていても、杜若を意図していることが多い。それは『伊勢物語』業平東下りの「八橋」を隠れテーマにしているからである。杜若は燕子花とも記し、尾形光琳や乾山の「燕子花図」や「八橋図」が有名。

[杜若《かきつばた》]
花は花菖蒲に近いが、橋の杭がのぞいているところから、杜若文とする。杜若に水はつきもの、開花が梅雨時に重なるから、雨もつきものである。その様子を写して、単衣物に仕立てている。手描き友禅紋紗地着物。

[八橋文《やつはしもん》]
在原業平が「かきつばた」の五文字を句の上において旅の心を詠んだ地、三河の国八橋は、河の水が蜘蛛手のように広がっているので、橋を八つ架け渡してあり、杜若の名所。それにちなんで、板橋と杜若の組合せを八橋という。楊柳地刺繍半襟。

[八橋図地紙文《やつはしずじがみもん》]
扇面の紙の部分だけを地紙という。これは八橋文が描いてあった地紙が、古びて破れている様で、破れ地紙といわれる。交差する板橋、水面から伸びる杜若と、このまま扇子の文様に使えそうな凝った構図と色づかい。羽二重地染め帯。

一つ沢瀉

［沢瀉《おもだか》］

沢瀉は池や沼に自生する水草で、くわいに似ている。やじり形の三小葉の葉と可憐な花が特徴。この布は水から顔を出した沢瀉を写実的に表現したものだが、沢瀉文はなんといっても紋章の数々が著名。平安時代から文様化され、武家に用いられた。

水野沢瀉

［睡蓮《すいれん》］

水面に葉を浮かべるスイレン科の水草には河骨（こうほね）や、ひつじ草、睡蓮などがあり、水の清涼感と相まって、やはり夏を象徴する植物文。これはひつじ草だろうか、銀糸で水中の鯉を織り出している。お召地に手描き友禅。

細輪に五つ蓮の実

［睡蓮《すいれん》］

銀箔置きで水面のさざ波を、刺繍で睡蓮を表わした絽夏帯。一方、蓮は極楽浄土に咲く聖なるものとして仏教との関わりが深く、葉と花を意匠化して法衣に、近年は喪服の帯やそれに準じた場に着るようになり、一般のきもの文様にはあまり使われない。

羊歯文《しだもん》ほか

羊歯は歯朶とも書き、葉の裏が白いので「うらじろ」ともいう。葉裏に胞子嚢《ほうしのう》を多く持っている植物ゆえ、子孫繁栄を象徴して正月飾りに使われる。陶磁器、漆器などの工芸品の文様に用いられるほか、古くは鹿のなめし革に羊歯文を白く燻し残した羊歯革文が、武具にあしらわれていた。羊歯の一種に忍草《しのぶぐさ》があり、今でも軒しのぶとして盛夏に吊るして涼をよぶのが、それである。現代では、季節を問わず袷の時季にも、逆に葉形の面白さ、透ける様の涼やかさから単衣にも、写実的にあるいは意匠化して用いる。

［羊歯《しだ》］
先端がこぶし状に巻いた、早蕨とそこから伸びる羊歯を図案にしている。芽生えと成長を象徴しようとしたものか、落ち着いた大人のきものにふさわしく、品がよい。手描き友禅紋綸子地着物。

［羊歯《しだ》］
成長した羊歯に落ち葉を添え、しのび寄る秋の気配を表わした文様。別に、木から落ちた葉や実が風に吹かれて寄り集まっている意匠は「吹寄せ」といい、秋冬ならではの文様である。絽地染め帯。

［合歓の木《ねむのき》］
六月から七月になると、たっぷりとしたブラシ状の花をつける合歓の木だが、この花は実は小花の集合体。葉は夜になると閉じて眠り、逆に花は夕方に開く。この大木を着物の文様にしたのも、大正期らしい大胆さ。手描き友禅紋紗地振袖。

百合文《ゆりもん》

百合には姫百合、笹百合、山百合、鬼百合、鉄砲百合などがあって、古くから観賞用に栽培もされてきたが、不思議に文様としては用いられることは少なく、桃山時代の能装束「百合御所車文様縫箔」に大胆に表現された鉄砲百合も写実的である。紋章としても百合はとり入れられていない。このあまり文様とならなかった百合は、しかし大正期以後、しばしばきものの文様に見かけるようになった。意匠化せずに写実風に表現する傾向が、大正、昭和初期の女性の好みに合致したのであろうか。華やかでどこか西洋風な風情が愛されたようである。

［百合］ゆり

山百合であろう、かなり実際に写しとったように描かれている。葉の表情も、右上の花の花弁の傷みも、実にリアルに表現されている。写実的であるだけに、百合はやはり夏の花、手描き友禅の絽地帯。

［百合唐草］ゆりからくさ

百合花をいくつか集めて、丸く薬玉のように構成したものに細い百合の葉を唐草のように配して、華やかさを強めており、かなり独創的な図案である。刺繡などはせず、すべてを織の技法で表現している。絽袋帯。

瓜文《うりもん》

胡瓜《きゅうり》、南瓜《かぼちゃ》、冬瓜《とうがん》、糸瓜《へちま》など、漢字で記すと瓜のつくウリ科の植物は、実に加えて葉、蔓の形の面白さからも絵にも描かれ、文様にもされてきた。江戸時代には庶民の浴衣の中型染めにも大いにとり入れられている。ことに瓢簞《ひょうたん》は中央がくびれた姿の面白さ、夏の日差しを避けるために這わせる瓢簞棚が身近にあったことなどから、人々の愛着は深かったようだ。文様としては、加工した瓢簞をひさご、またはふくべといい、葉や蔓のついた自然の瓢簞を成瓢《なりひさご》とも呼ぶ。瓢簞を六個寄せて「無病息災」を祈る文様もある。白い花の美しい夕顔も瓢簞の類種。干瓢を作り、容器にもした。

［瓢簞］ひょうたん

蔓を伸ばし葉を繁らせ、花をつけ、まだ若々しい実をぶら下げた様子を写実的に写した、成瓢文。横段に染めた縞は、垣か棚を象徴しているのだろうか。古風な趣がある。型友禅に一部刺繡をほどこした絽帯。

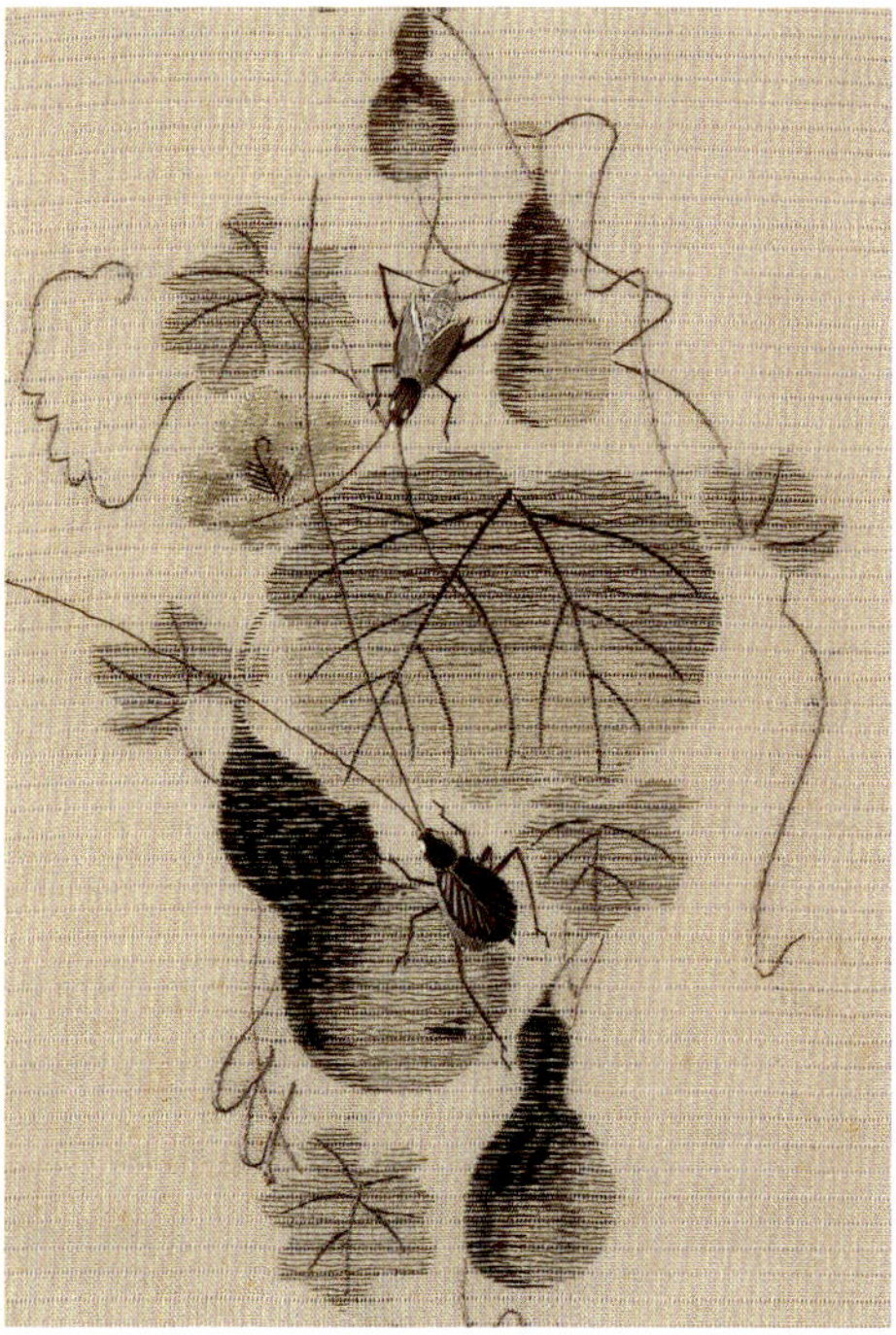

［瓢簞に夏虫］ひょうたんになつむし

松虫、鈴虫などの夜半、りんとした音を響かせる夏虫は、瓜の蜜を好む。生い繁った瓢簞と夏虫の組合せは、いかにも夏らしい文様といえる。色づかいを抑えて墨色をベースに刺繡してあるのが涼やかである。絽地半襟。

鶏頭文《けいとうもん》ほか

［鶏頭《けいとう》］まさに雄鶏が頭を振り立てているような、真っ赤な鶏頭。万葉集にも詠われているが、これを写生的に描いている。手描き友禅紋紗地着物。

［芙蓉《ふよう》］芙蓉は夏から秋にかけて、白や薄赤色の大きな花を開く。古来中国では蓮の花に匹敵する美しさと愛でられ、文様にもされ、染付磁器皿に俗に「芙蓉手」と呼ばれる文様もある。これは写実的な意匠の手描き友禅紋紗地着物。

［葉鶏頭《はげいとう》］鶏頭といっても、鶏冠（とさか）形の花をつける鶏頭とは実は別属。十月頃、一株で赤、黄と葉の紅葉を見せ、庭先に秋を演出する。その様子を大胆な配色で絽の夏帯に表現している。地に銀で竹垣を織り出し、葉鶏頭はすべて刺繍で表現。

［薊《あざみ》］薊の種類は多いが、いずれも深い切込みがあり棘をもつ葉と、頭状の花が特徴。日本では桃山時代まではほとんど文様としてはとり入れられず、江戸時代以降、図案として、またきものの文様にも使われるようになった。型友禅絽地着物。

鉄線文《てっせんもん》

現代ではクレマチスの洋名で知られている。正しくは鉄線蓮といい、鉄線花とも鉄仙花ともいう。六弁の花びら(本当は萼)を風車のように広げ、かたい蔓状の茎が特徴で、垣に這わせたり、鉢植えで観賞される。この蔓を強調したのが鉄線唐草文で、花丸文にすることも多い。能装束の文様にもなっている、気品ある夏の花であり、文様である。

花鉄線

[鉄線花]《てっせんか》
花弁を七弁に描いているが、これも鉄線をモチーフとして意匠化したものであろう。かたい蔓に確かな結びつきへの願いを託して、花嫁衣裳の文様にもとり入れられている。手描き友禅紗地着物。

[鉄線花]《てっせんか》
アールヌーボー調に、花をデフォルメして意匠化した鉄線花は、昭和初期のモダンな趣。絽地に花、葉、蔓をすべて刺繡で表現している。ひとときの季節に限った、ある種ぜいたくな夏帯。

[垣に鉄線花]《かきにてっせんか》
上の鉄線花との格調の違いは、能装束にも見られるような、古典的な花の表現によるのだろう。垣にからむ鉄線花で、垣や花弁は箔置きで、花弁の縁や芯、蔓は刺繡で立体感をもたせている。絽袋帯。

露芝文《つゆしばもん》

朝の日差しとともに消えゆく露のはかなさを、日本人の美意識はないがしろにはしなかった。ことに、地面に重なり繁る芝草に宿る露を玉状に添えて表現した文様は、露芝文として、鎌倉時代から絵画や工芸品に、そして能装束やきものにとり入れられた。芝は細く三日月形で表現し、また薄《すすき》や秋草に露を添えたものもある。

［露芝《つゆしば》］
細い三日月状の葉を群れとして扱い、葉の上に露の玉を置いた、定番の露芝文。露芝はそのはかない趣から、きものでは秋の文様（夏の終りから秋口の単衣）とされるが、白生地の地紋とすることも多く、その場合は季節を問わない。手描き友禅紋紗地着物。

［露芝に秋草《つゆしばにあきくさ》］
重なった細い半弧の間に白い点が置かれているのが見えるだろうか。これは白糸刺繍で露芝を表わし、桔梗と菊の秋草がのぞいている。「物のあわれは秋ぞまされる」を象徴したような、絽縮緬地半襟。

［雪芝文《ゆきしばもん》］
芝草や薄にうっすらと雪がかぶった様を表現すべく、葉上にふくらみをもたせた文様もあり、これも露芝文の展開である。冬の文様というわけではなく、ことにこれは半弧の中を花や丸文、雲取りで埋めて吉祥の趣があり、季節を問わない。

朝顔文《あさがおもん》

一般に盛夏を盛りの季節とする植物で文様として意匠化されているものは、意外と少ない。春から初夏ほど花木の種類は多くなく、また高温多湿の日本の夏には、草花に思いを寄せるより、水や水鳥に涼を求め、草花といえば楚々とした秋草群に思いをはせて、むしろ早めに秋草を夏のきものの文様としてきた。数少ない盛夏の植物文としては、鉄線と並んでこの朝顔が上げられる。江戸中期からは観賞用植物として鉄線も朝顔も大いに栽培されたという。浴衣柄に朝顔は一つのパターンだが、それだけ身近な植物であったということか。着尽くされる浴衣だから、古いものは残っておらず、ここに紹介する朝顔文は比較的現代に近い。

［釣瓶に朝顔《つるべにあさがお》］
加賀千代女の句「朝顔に釣瓶とられてもらい水」の風情。朝顔のほかに萩、女郎花（おみなえし）の秋草が添えられているのは、朝顔の盛りが過ぎれば、もう秋。朝開いて夕にはしぼむ朝顔に、秋草と似た「はかなさ」を感じていたからではないか。あるいは古来、桔梗を朝顔と呼ぶことからか。絽地刺繍半襟。

［立ち朝顔《たちあさがお》］

江戸期の琳派の絵を思わせる、単純化した描写と古風な色づかいで表現された朝顔。夏に着る単衣にふさわしい清涼感がある。手描き友禅銀糸入り平絹地着物。

［朝顔《あさがお》］

縞に朝顔の花と葉だけを配した絵柄は、現代にも通じるモダンさがある。線も色も軽快で、アールヌーボー調。きものにも西洋風の意匠を好んでとり入れた大正末期の傾向が見てとれる。型友禅絽地着物。

［朝顔《あさがお》］

朝顔の種類は膨大だというが、文様として表現される花の姿は一定化している。ただこの朝顔は花弁の縁の刻みが細かく、一見、夕顔かとも見えるが、やはり朝顔か。紗地に金糸銀糸で刺繍した豪華な帯。

［朝顔重ね《あさがおかさね》］

植物を文様化するとき、広がりのある葉や花弁の中に、さらに文様を埋め込んでいくのは、一つの手法。これは珍しく朝顔の中にさらに朝顔をたくさん重ねている。少々暑苦しくなりがちを、地色と流水文が救っている。型友禅紋紗地着物。

秋草文《あきくさもん》

野に自生して季節の移ろいとともに咲く秋草への日本人の思い入れは、古来深い。『万葉集』にある山上憶良の「萩の花、尾花葛花なでしこの花、女郎花、また藤袴あさがおの花」の歌が、俗にいう秋の七草の発祥ともいわれ、あさがおは近代では桔梗のことともされ、意匠化しにくい葛よりも身近な菊を加えることもある。一つ一つの草花よりも、各種の秋草が集まって表現されているのが特徴で、ここでは説明上、それぞれの花を切りとって紹介しているが、きものの文様としては各種が寄り添っていたり、散らされていることが多い。秋草文というゆえんである。涼しい秋を待ち望んで、一般に夏の透ける単衣ものに用いられる文様。

［秋草《あきくさ》］
上と下は同一の絽着物にほどこしてある文様。ぼかし染に萩、女郎花、桔梗、菊などの群れが散らしてある。どの花というよりも、全体に秋の野の風情を表わしており、秋草文の特徴がわかる。

［秋草《あきくさ》］
薄、萩、桔梗、女郎花をまとめた秋草文。女郎花は細い茎の先に粟粒状の花をつけ、優しげな様子を女性の立ち姿に見立ててつけられた名で、同じ属の野郎花（おとこえし）と対照される。

［秋草に虫籠《あきくさにむしかご》］
虫の音に秋の夜長をなぐさめられる楽しみから、秋草と虫籠の取合せはよく見られる。これは萩、桔梗、女郎花の秋草に、優美な虫籠を添えた古典的文様。麻地に刺繍の夏帯。

［秋草《あきくさ》］
ごく細い線で薄を、それに墨絵調に萩と桔梗を染め出してある。桔梗の花や葉は刺繍で強調し、乱れ咲く秋の野を意匠化している。紗袋帯。

［秋草《あきくさ》］
流水に矢羽根の地紋の紋紗に、涼しく薄、萩、桔梗を散らしている。放物線状に描かれた薄の意匠は、薄の典型的パターンの一つ。手描き友禅の着物。

桔梗枝丸

雪輪に笹竜胆

［女郎花《おみなえし》］
これは裾模様のため横に伸びているが、女人の立ち姿にたとえられる女郎花の咲き様をよくとらえている。花は琳派調に強調されている。地紋で雲と撫子を織り出した、手描き友禅紋紗地着物。

［撫子に葛《なでしこにくず》］かつては山野のいたる所に自生し、根から葛粉をとって食用に、薬にしてきた身近な野草の葛だが、文様にされることは少ない。これは撫子とともに描かれた葛の葉と、紫色のその花。紋紗地染め帯。

［秋草《あきくさ》］撫子を主に、萩、桔梗を配した秋草文。雲形に見えるのは、あるいは作り土の意図で秋の野を表わしているのだろうか。絽縮緬地刺繡半襟。

［撫子に萩《なでしこにはぎ》］「やまとなでしこ」の言葉があるように、撫子は日本女性を象徴する楚々とした花。数種あるが、主は河原撫子で、茶花にも用いられる。秋草の中では比較的文様化されているもので、紋章にも見られる。

［撫子重ね《なでしこかさね》］57頁「朝顔重ね」と同じ着尺に染められており、撫子の花弁の中をさらに撫子の小花で埋めている。撫子も朝顔と並ぶ季節性の草花だったのだろう。

薄文《すすきもん》

薄も秋の七草の一つ。秋草文にとり入れられていることが多い。薄は芒とも記し、別名も多い。古い呼び名の尾花は、花が終わると穂が獣の尾のようにほうけてくるところからの名で、茅《かや》ともいうのは、この葉や茎で屋根をふいた刈屋根の意味からという。「袖振草」との雅名もある。同じイネ科では稲文が紋章としては見られるが、きものの意匠にはほとんどない。雑穀の稗や粟が秋草同様の感覚で文様化されているのは見られる。

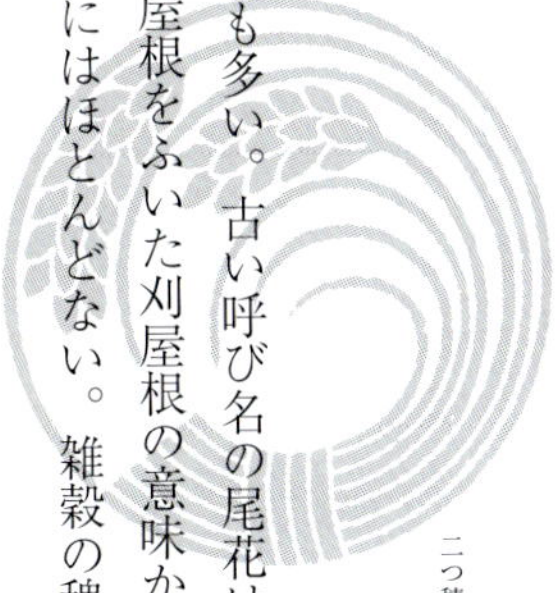
二つ穂稲丸

［薄《すすき》］
薄のみで文様を構成している、少々珍しい意匠。ほうけた花穂は薄と呼ぶよりむしろ尾花と呼びたい。寂しくなりがちな薄を帯の太鼓部分に巧みに量感をもたせて刺繡してある。紋紗地帯。

［薄に萩《すすきにはぎ》］
秋草の中で最も文様化されているのは萩。姿形の優美さと、字のつくりが示しているように、秋を代表する植物だったのだろう。これはその萩にかぶせるように薄を添えており、薄を主役に意匠化している。絽地刺繡半襟。

［粟の穂《あわのほ》］
粟はイネ科の、やはり丈高く伸びる草。昔から種子を食糧にしてきたから、ごく身近にあった植物だろうが、文様としては新しい。薄と同じころ穂をつける粟を、穀物というよりは沼地の秋草としてとらえたのであろうか。手描き友禅紋紗地着物。

蔦文《つたもん》

蔦は葡萄《ぶどう》と同じく蔓性の植物で、岩や崖だけでなく、家屋の壁や塀にも這う。長い柄の先に手のひら状の葉を繁らせ、秋には美しく紅葉する。文様としては特徴の巻きひげを強調して蔦唐草文に、また葉と実を丸く構成した蔦丸文などがあるが、むしろ紋章としてとり入れられることが多く、武家の紋に、また「客にからみついて栄えるように」と水商売や人気商売に使われた。

［蔦菊文《つたきくもん》］
これは錦紗地の裂の一部だが、やはり着物だったのだろうか。籬（まがき）の菊にからみついた蔦の景色。ぼかし染めになった友禅染の手法は、大正、昭和初期によく見られる。

［蔦《つた》］
かなり写実的に刺繍された蔦の這いよう。葉と対生してできる巻きひげの先には吸盤があって、木の幹にもからみつく。渋い色合いながら、想いを秘めたような。縮緬地半襟。

［蔦《つた》］
明治時代からは、唐草や丸文だけではなく、葉や長柄、巻きひげをそのまま琳派調に、あるいはアールヌーボー風に描く蔦文がしばしば見られる。これもその一種で、紅葉した蔦を常磐の松などに添えている。手描き友禅一越地着物。

光琳蔦

葡萄文《ぶどうもん》

葡萄は西欧のもの、現代の文様と思われるかしれないが、なんと正倉院御物などにも見られる。西方では生命の木である葡萄は、葡萄唐草文となりシルクロードをへて日本にも伝えられたのだ。その後はしばらく見られないが、桃山時代にぶどう酒がもたらされ、栽培も行われるようになるにつれ、文様としての葡萄も再登場するようになる。

［葡萄《ぶどう》］

甘く熟した葡萄の蜜を求めて、蜂が寄ってくる。もちろん近代風に描写された葡萄だが、季節性とともに葡萄文にはある種のめでたさが込められている。それはどこまでも伸びる蔓と、たくさんの実をつけたたわわな房が繁栄の象徴でもあるから。描き絵に刺繍の絽地帯。

［葡萄唐草《ぶどうからくさ》］

敦煌出土の錦、そして正倉院裂に見られる葡萄唐草は、かっきりした見事なリズムで連ねた文様。これは形も色もくずしているが、蔓を束ねているところ、巻きひげの扱いを見ると、上代の葡萄唐草に影響を受けているのだろう。型友禅一越地着物。

［葡萄棚《ぶどうたな》］

再登場した葡萄文の中には、葡萄とリスの組合せや、日本独自の表現として葡萄棚を意匠したものがあり、能装束や小袖に見られる。能装束等のそれは絵画調だが、この近代の葡萄棚は単純、図案化してある。鬼縮緬地刺繍半襟。

樹木文《じゅもくもん》

もちろん、梅も桜も松の木も樹木ではあるが、特別な意味合いをもつそれらの木々と違って、もっと日常的な、見落とされがちな木々の表情をも、近代の日本人はきものの文様にとり込んできた。身近にあって絵柄として意匠化するには格好なテーマだったのかもしれない。

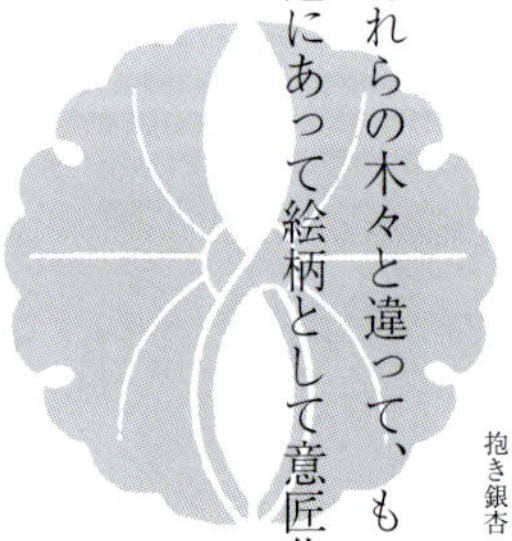

抱き銀杏

［芭蕉《ばしょう》］

多年草だが茎の高さは五メートル、葉は二メートルにもなる大きさ。葉も根も薬用にし、沖縄ではこの繊維で布を織り、芭蕉布として現代では貴重品。文様としては、江戸時代からとり入れられている。

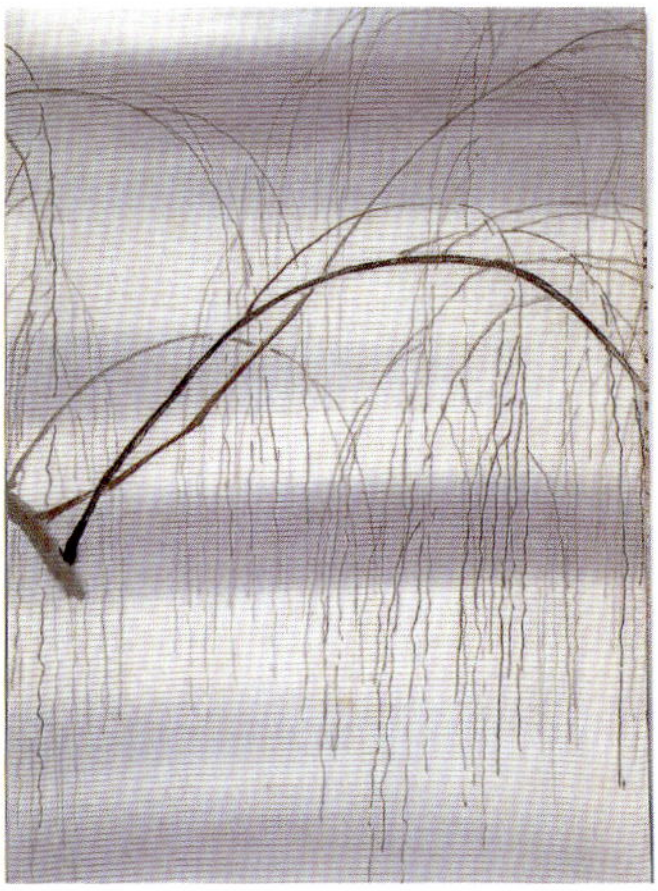

［枝垂柳《しだれやなぎ》］

一般に柳といえば枝垂柳のこと。柳には季節とともに様々な文様があり、冬の雪持ち柳、新春の芽吹き柳、春の柳にツバメ、また水辺に植えられることから蛇籠や橋との組合せで風景文様を構成する。

［木立ち《こだち》］

何の樹木だろう、雑木林は木の葉をすべて落とし、木枯らしが吹いてくるような寒い景色。この意匠で冬に着れば単に寒々しいだけだが、石畳地紋の紋紗地の夏帯で涼しさを。

一本杉

［山査子《さんざし》］
実際には大きな灌木だが、盆栽にもされて、きものの文様としてはこのように小さく描かれることが多い。花も咲くが、赤い小さな実をつけた図柄が一般的。手描き友禅一越地着物。

［銀杏《いちょう》］
秋には見事に黄金色に染まり、実は食するおなじみの大樹だが、木はもとより扇面形をした独特の葉すらも、きものの文様にされることは少ない。ただし紋章には様々に変化して、その種は多い。

［八つ手《やつで》］
庭木としてごく一般的なもの。別名「天狗の葉団扇（はうちわ）」と呼ばれる特徴的な葉を、大胆に図案化している。身近な樹木を意匠にしたよい例か。型友禅紋綸子地着物。

［栗に雨《くりにあめ》］
いまにも栗のいがからこぼれんばかりの実をつけた栗の枝木に、細い線は降り注ぐ雨を意図している。この夕立ちとともに季節感を表現した、型染絽縮緬地着物。

［団栗の木《どんぐりのき》］
ブナ、ミズナラ、コナラ、クヌギ、カシワなどのブナ科の樹木は秋になると、堅い実をつける。俗にいうどんぐりの木。描き手は樹種にこだわらず、深まる秋の風情を写したのだろう。

［落ち葉《おちば》］
紅葉し、虫喰いにもなって落葉した様子を、写実的ではありながら巧みに図案化している。葉はろうけつ染に手描きを重ね、縁には刺繍をほどこしている、凝った技法。紋綸子地着物。

菊文《きくもん》

菊は昔から秋を代表する植物。絵画や工芸品にも多く主題とされている。菊に託して季節感を表わしたものが多く、きものの文様としても、この方向で身につけたい。中国原産で奈良時代に薬草として日本に伝わり、のちに中国流に重陽《ちょうよう》の節句（九月九日）には菊花の宴を開いて菊酒に長寿を願い、観賞の対象とするようにもなった。菊文としての意匠化も鎌倉から室町時代に見られ、桃山時代には日本的意匠の秋草の一つとして扱われるようになる。江戸時代には鉢作りを競うほどに品種改良が進んで菊の種類も多くなり、それを映して菊の意匠も可憐な野菊から大輪のものまで、様々な表現が現われ、まさに菊文が咲きほこった時代となった。

［菊尽し］《きくづくし》
紫地を模様取りしているのは、流水。流水に菊花を配した文様は一般に「菊水」と呼ばれるが、ここでは下部に牡丹、桜なども配して春秋冬に着られるようにしてある。型友禅鬼縮緬地一つ身着物。

［光琳菊］《こうりんぎく》
尾形光琳の画風を小袖の図案にとり入れた光琳文様は、その名を冠した雛形本（図案集）発刊によって大流行した。これはその流れを汲む菊で、菊の細かな花弁は一切省略されているのが特徴。型友禅縮緬地着物。

［光琳菊］《こうりんぎく》やはり菊花を単純化した表現の菊だが、後ろ向きの裏菊も加わっている。菊文は正面から見た姿、側面からの姿、裏側を表わしたものと分類され、それぞれの面白さがある。菊に檜扇を添えている。縮緬地刺繍半襟。

［菊枝］《きくえだ》これはきものではなく、袱紗（ふくさ）であるが、このような菊枝文は織り帯などにも見られる。菊の一枝を折った、折枝文である。菊のほかに、鍵型の雷文をはさんで、唐獅子と海松文（みるもん）。緞子。

［菊尽し］《きくづくし》菊は一重、八重、厚物、管物（くだもの）などがあり、それがさらに大菊、中菊、小菊となる。これは厚物、八重、そして小さな野菊だろうか。何種かを集めて着尺全体に配している。型友禅縮緬地着物。

［一重菊］《ひとえぎく》様々に品種改良される前の、最も素直な菊の姿である。群れ咲いて、野原にある野菊のようだ。菊が意匠されはじめた頃は、すべて一重菊であった。繻子地刺繍帯。

[管菊《くだぎく》]

江戸時代、各地で菊の育成が盛んだったという。丈えをし丹念に育て、盛りの時季ともなれば観賞し、競い合った様子が伝わるような写生的表現。手描き友禅塩瀬地帯。

[菊の丸《きくのまる》]

菊を丸形に構成した文様で、これは一枝の菊を丸くたわめたように表現している。もちろん花のみ、花と葉のみで円形にした丸文もあり、皇室の十六弁菊紋以下、紋章にも多い。型友禅縮緬地着物。

[籬に菊《まがきにきく》]

この組合せの意匠は古く鎌倉時代から菊の代表的文様である。それは陶淵明の詩「菊を采る東籬の下…」、白楽天の「重陽は已に過ぎたりといえども籬の菊は残花あり」に由来する。縮緬地刺繡半襟。

[菊水《きくすい》]

流水に菊の花を浮かべた文様で、これも菊の意匠としては定型の一つで、菊花の宴にちなんだ延命長寿のめでたい意匠。流水に菊花が半分浸かった意匠もあり、これは紋章に見られる。縮緬地刺繡半襟。

[菊《きく》]

種類名はちょっとわからないが、花弁の太い菊を写生的に図案とし、刺繡した半襟。色数は少なくても花弁の表裏、葉の表現に工夫があって、立体感が出ている。帯の文様にもいいだろう。

[裏菊《うらぎく》]

菊を裏側から見た表現は、絵画調の菊文にも、風景の一部として描かれた菊文にも見られる。これは花一輪を裏返して大胆に意匠化している。匹田に刺繡。ほかに鶴や宝巻などもあり、吉祥を表わす。

［菊唐草《きくからくさ》］

唐草文様の一種で、菊に唐草をあしらっている。これは緞子地に刺繍した帯で、格調高い菊唐草になっているが、型染で表現したものは、ごく一般に愛用される意匠。現代でも多い。

［菊傘《きくかさ》］

これはちょっと意表をつかれる文様。太い縞の間に連ねられているのは、ちょっと見には半分すぼめた傘かと思うが、上部の点々は、どうも花芯。嵯峨菊や肥後菊のような細い花弁の菊を見立てて。型染錦紗地着物。

［乱菊《らんぎく》］

卍くずしに、小菊に桜、それに乱れるように咲いた太い管物の大菊を配しており、秋の風情というより華やかさが見どころ。型友禅に一部刺繍をほどこした塩瀬地帯。

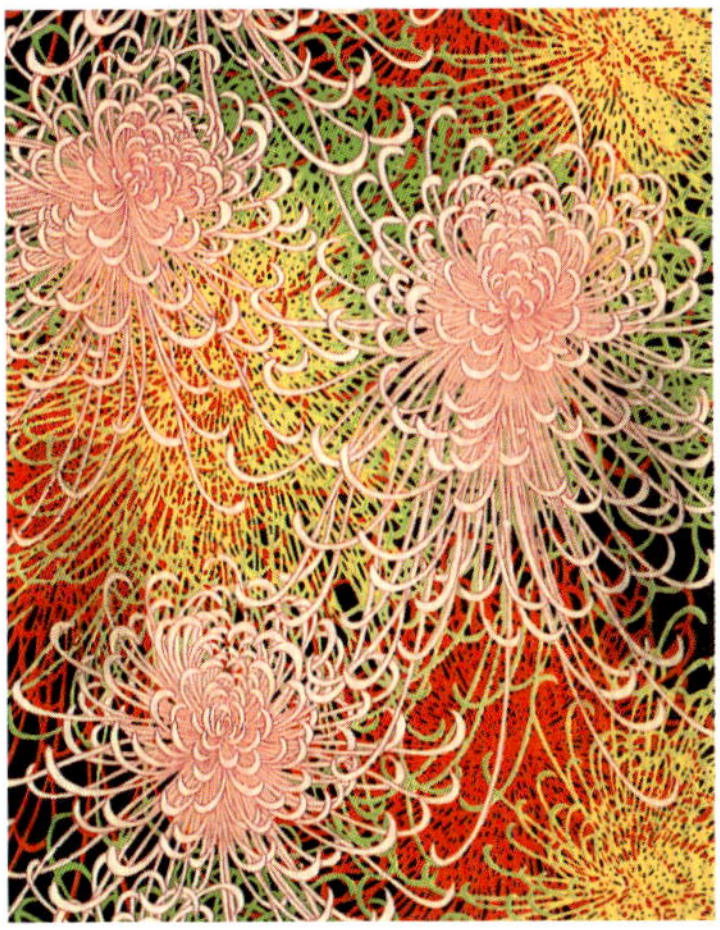

［糸菊《いとぎく》］

薄くて柔らかい毛織物メリンスは、大正時代から昭和にかけて一般庶民のものとなり、子供や娘の着物として愛用された。その文様も洋風感覚の影響から、この菊の絵柄のように、大胆奔放なものになっている。

楓文《かえでもん》

紅葉文ともいうことはご存じのとおり。春の花見、秋の紅葉狩りと遊興の主題になるくらい、日本人の季節感の道標となる樹木。カエデ科カエデ属の木の葉が紅葉したものを紅葉《もみじ》というわけだが、葉の色とともに形の面白さもあり、桃山時代以降、代表的な植物文となってきた。鹿と組み合わせて秋の風情を、また流水との組合せも多い。紅葉する前の緑の楓を青楓とか若楓といって区別することもある。

［春秋楓《はるあきかえで》］

「桜楓（おうふう）」といって、紅葉と桜を並べた意匠が陶磁器などに見られる。季節を選ばず使えるわけだが、青い楓と黄葉、紅葉の楓をともに配したこの文様にも、同じ意図がうかがえる。曲線状に黒で描かれているのは、楓の実。型友禅紋綸子地着物。

［紅葉《もみじ》］

色づき落葉した楓の葉。「かえで」は、この形が蛙の手のようなので、「かえるで」からきたというが、もっと優美なはずなのに。これは金糸織込み縮緬地に刺繡で表現してあり、まさに秋、袷時季の帯。

［朽ち紅葉《くちもみじ》］

上と同じく落葉した紅葉葉だが、傷み朽ちる寸前を表現しているので、こう呼ぼう。葉の一枚にも他と違った見せ所をと工夫した職人の気持ちがのぞく。紅葉を織り出し、手描き友禅の技法で朽ち葉を染めている。

［龍田川文《たつたがわもん》］
奈良県を流れる龍田川の、ことに斑鳩地方の川辺は紅葉の名所で、『古今和歌集』にも龍田川の紅葉歌が数多く見られる。龍田川文はこの詩歌を背景にした文芸意匠でもある。その意図で「龍田の錦」の文字が織り出された帯。

［流水紅葉《りゅうすいもみじ》］
散り紅葉が流水に流れていく様子を意匠化したもので、もちろん川の水＝龍田川であり、龍田川文をふまえての文様。渦巻文で意匠されている流水は織で、楓葉は染で表現。単衣の夏お召地に、涼しさを求めた意匠。

［龍田川文《たつたがわもん》］
これは楊柳地に全て刺繍で表現した半襟だが、上の龍田川文よりさらに直截に文芸性を押し出している。「もみぢばの流れさりけり立田川…」の短冊と筆、それに紅葉を数葉添えて。

［流水紅葉《りゅうすいもみじ》］
やはり単衣時季用の楊柳地に刺繍した半襟なので、水に楓の文様で涼を表わし、来たるべき秋を先どりして身につけたのだろう。ほんの少しのぞく半襟にも凝った、女性の心意気である。

冬の植物 水仙文《すいせんもん》 椿文《つばきもん》

ともに十二月から三月ごろ咲く冬の花であり、新春の瑞兆とされている。水仙は天仙の仙の字を持つからともいうが、きものの文様に用いたのは、ごく近代、明治時代から。ギリシャ神話に出てくる水仙に対して、椿は日本原産。春の木という作りが示すように、春を待つ花として冬の季節感を表出する。同時に常緑樹の中でも殊に聖なる木とされ、古代以来、悪霊を払う力があると考えられ、神事に欠かせない木であった。江戸時代に椿のブームが起こり、『百椿図』が出るなど観賞栽培が盛んになるにつれ、文様としてもてはやされるようになる。きものの文様としては季節感とともに、吉祥の意味も込められている。

［水仙］《すいせん》
菊、紅葉、笹、梅などの間にまぎれるように咲く水仙。この意匠では季節感は関わりなく、各種の植物の一つに過ぎないのだろう。水仙のみで冬の季節に合わせたきものは、昭和も戦後のことか。型友禅縮緬地着物。

［水仙南天竹］《すいせんなんてんたけ》
明治時代に従来の表現とは趣の異なる文様が出現し、その中に水仙と渦巻文を組み合わせたものがあるというが、これもその雰囲気を残す。赤い実をつける南天は吉祥文。

変り水仙の丸

［枝椿《えだつばき》］

椿は日本の花のうちでも群を抜いて種類が多い。それだけに写生的に表現された椿の絵柄も様々である。これは折枝の椿を刺繍。写生画風の椿文は、茶席では床の椿と重なるので避けたほうが無難。

［椿《つばき》］

どんな名の椿かはわからないが、花弁のひだが面白く華やか。虫喰いの葉とともに、写生的にと意図したのだろう。型友禅の縮緬地着物。

［椿尽し《つばきづくし》］

八重咲きの椿を色を変え、次々に咲かせて丸帯一本を埋め尽くしてある。丸帯は婚礼衣裳以外には現代では織られないから、戦争前のもののはずだが、なんともモダンな意匠。

［椿《つばき》］

椿文で最もデザイン化されているものは、名物裂遠州緞子にある「遠州椿」かもしれない。図案化することの少ない椿のうちでも、この作品はすっきりと意匠化されている。金糸入り織地に刺繍帯。

［光琳椿《こうりんつばき》］

光琳の名を冠した雛形本にある光琳文様の椿に似ている。ごく単純化しているのが特徴だが、琳派の中村芳中などは、太い丸の線だけで椿とわからせているのが面白い。型友禅紋綸子地着物。

笹文《ささもん》 竹文《たけもん》

松竹梅がそろった文様は吉祥文だが、竹だけでも、真っすぐで堅く、中は空で隠すことなく、常に緑で群生するところから、笹とともに清和の証として文様に用いられてきた。種類も多く、笹や竹単独での意匠や、雪をかぶった雪持ち文、雀や虎との組合せなどがある。名物裂の笹蔓緞子からの笹蔓文、また笹舟文は別項参照。なお笹竜胆は竜胆の一種で、笹を意匠化したものではない。

[笹竹]ささたけ
笹は竹類の丈の低いものをいうが、文様としては葉のみを意匠化した場合に笹ということもあり、区別は微妙。いずれも冬も緑が失せないところから、冬の季節感を表わす。これは繁った笹としなる細竹を組み合わせている。縮緬地刺繍半襟。

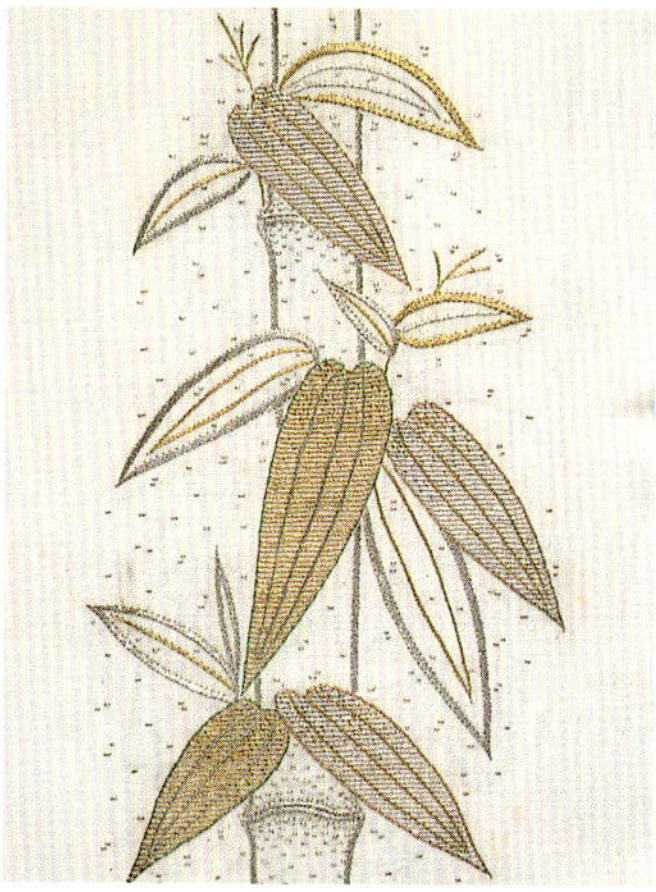

[竹]たけ
春、竹の子として土中から頭を出すと、みるみるうちに伸び、立派な若竹となる。竹は成長の象徴でもある。これは真っすぐに上に向かい、節ごとに葉を伸ばす力強い姿を金糸銀糸で刺繍した半襟。祝いの席にもふさわしい品格がある。

[笹]ささ
笹のすっきりした姿をよく写している。このように絵画風なものばかりでなく、意匠化された笹文ももちろん多く、さらに紋章としての種類は多種多様である。型友禅紋綸子地着物。

丸に追い九枚笹

［並び竹《ならびたけ》］

竹の直線を強調して配列し、葉も合わせて、全体に斜めに段を構成している面白い意匠。これは染め帯だが、褄模様の上前だけに配するのもゆかしい。手描き友禅に一部刺繡の縮緬地帯。

［雪持ち竹に雀《ゆきもちだけにすずめ》］

雪をかぶった笹や竹の意匠は一種の定番で、竹林に遊ぶ雀の姿もごく自然に見られる光景。これは二つを合せて、まさに冬の文様となっている。型友禅紋綸子地着物。

［竹に花尽し《たけにはなづくし》］

竹のどっしりした節を強調した意匠もよく見られる。これは竹の輪郭を金糸で繡い取り、節の部分はさらに太く繡い埋めている。表は菊、梅、牡丹、橘などいっぱいの花で埋め尽くし、めでたさと華やぎを添えて。紋織り地に刺繡の帯。

［竹の丸に桐《たけのまるにきり》］

手綱に張られた幔幕（まんまく）。その中の竹丸を見てほしい。竹を曲げて丸文を作り、葉の笹を配している。右下には花桐、霞と、実際にあったならさぞあでやかな幕だろう。手描き友禅紋綸子地着物。

松文《まつもん》

きものの文様に限って見ても、松をとり入れた文様は実に多彩。風景文様の一部として、州浜《すはま》文や海賦《かいふ》文のような海辺の情景に欠かせないものとして、また松竹梅文や蓬莱山文、松喰い鶴の吉祥文を構成する要素として、松ほど目にするテーマはない。それほど古来、身近にあった樹木なのだろうが、もうひとつ、神聖、清浄なものとしての意味も深い。四季を通じて変わることなく緑を保ち、千年の樹齢をもって大木となる雄々しい姿。平安中期には常緑樹の中でも選ばれて「門松」として歳神様の依代《よりしろ》ともなっている。ここでは松だけの文様を紹介するが、種類が多く、樹木全体、松林、枝と、様々な姿で多様に意匠化されている。

［老松《おいまつ》］

「千年の翠（みどり）」と愛でられる松の中でも年月を経て大木と成った姿。枝ぶりも見事で幹は苔むした老松である。ここでの枝葉の表現は松特有の定型ともいえるもので、同じ大きさであることも特徴。この枝葉を三層に重ねたもの、あるいは右、左にずらして重ねたものを三階松（三蓋松とも）といい、代表的な松文。松の背景は、金箔を張ったかのように織り出してあり、格調を高めている。刺繍帯。

中輪に中藤櫛松

［光琳松《こうりんまつ》］
この帯は龍村平蔵の作で「みちとせ錦」と銘がある。三千歳、三千年を経た老松の意であろうが、形は光琳文様風に単純化した意匠である。意匠化したものは季節にこだわらず用いることができる。

［三階松《さんがいまつ》］
少しくずしてはあるが、同じ大きさと形の松の枝葉を重ねた松文。葉の中を様々な技法を使った刺繡で埋め尽くしているのが見せ所。霞も添えて。縮緬地刺繡半襟。

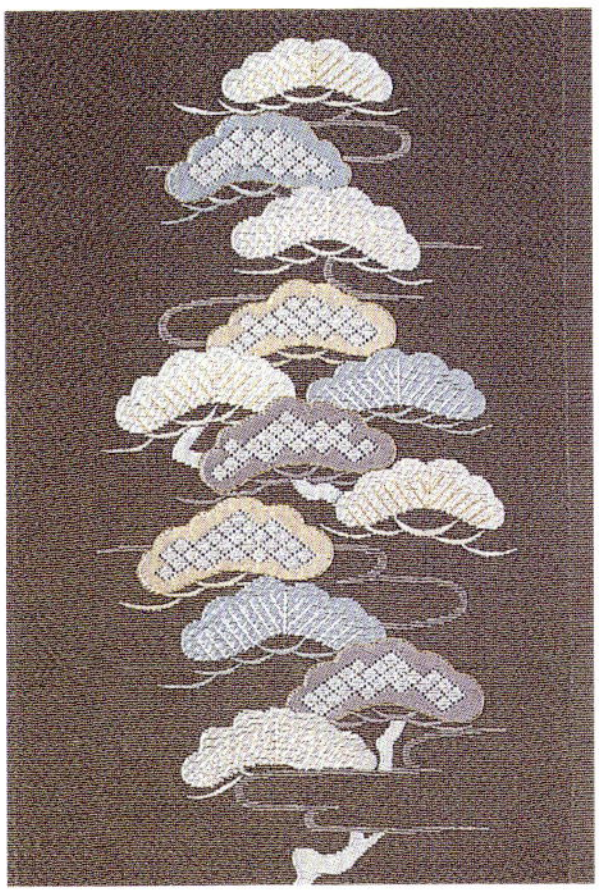

［光琳松《こうりんまつ》］
これも光琳文様風に単純化した松文。背景の青海波から、海辺の松を意図したものだろう。手描き友禅一越地黒留袖。

［唐松《からまつ》］
車軸松ともいい、松葉が放射状に開いたのを上から見て円形に表現した松文。この意匠は江戸時代に多く見られるパターンで、古典的な趣がある。松の車軸に源氏車の取合せが面白い。帯。

［光琳松に秋草《こうりんまつにあきくさ》］
光琳松も行き着くとこのような姿になる、という例でもあろう。夏の絽の洒落帯で、三笠山を背景に、刈り取りの終わった稲の束、秋草とともに松を配して、秋の寂しさを表現している。

一つ松

［松の葉《まつのは》］

幹を入れずに松の葉だけの意匠にも様々ある。これは新芽の出た若い松の葉を素直に描写している。ただし若松文は226頁で松喰い鶴がくわえている形のものをいう。縮緬地刺繍半襟。

［雪持ちの松《ゆきもちのまつ》］

うっすらと雪をかぶった松の枝と葉。白をのせた松の緑を想像すると、雄々しく清々しい。雪が加われば否応なく冬の文様となる。縮緬地刺繍半襟。

［松の葉《まつのは》］

葉のつけ根を軸に花火のように広がる松の葉。現代でも流行りそうなモダンな意匠だが、二枚重ね着の表着で、明治時代のもの。

［笠松《かさまつ》］

松の葉が笠のような形になっていて、下の枝を笠の紐に見立てている。二つ重ねて二つ笠松、三つで三つ笠松と呼び、これは三つ笠松。この松に笹を添えて、冬の季節に。鬼縮緬地刺繍半襟。

［松が枝《まつがえ》］

松の枝の意。松の代表種、五葉松（ごようまつ）に特徴の横に張り出した枝の姿をとらえている。格調をもち、晴の場で用いられたのだろう。刺繍帯。

［花形松《はながたまつ》］

松の葉を華麗に意匠化して、一つ一つがまるで花のよう。吉祥の南天、下方には牡丹も添えて、めでたさと華やぎを表わしている婚礼衣裳である。手描き友禅縮緬地黒振袖。

松葉文《まつばもん》

松文の一種ではあるが、散り落ちて葉が一組みずつにほどけた松葉を意匠化したもの。すっきりとしたこの形は、楊枝にとり入れられたり、本物の松葉に黒豆や銀杏を差して食膳に趣を添える。きものの文様にもよく用いられ、江戸小紋の型にも見られる。やはり松葉散る、晩秋から冬に似合うだろう。

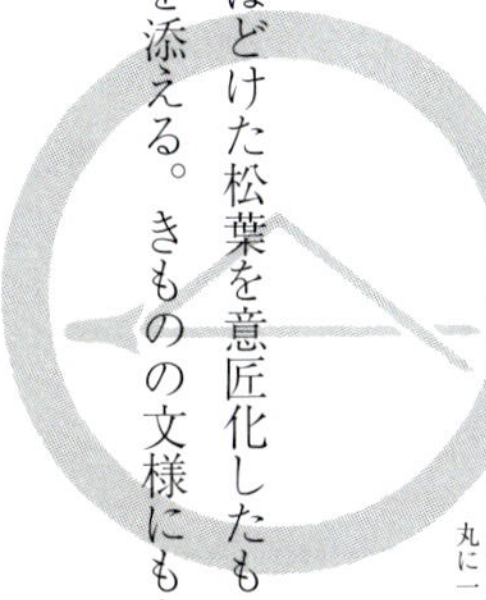

丸に一つ折れ松葉

［こぼれ松葉《こぼれまつば》］
松葉が一片、二片と自然にこぼれ落ち、土の上に広がった情景。松葉散らしともいうが、作為ではなく自然に見えるところがポイント。手描き友禅一越地着物。

［敷き松葉《しきまつば》］
日本庭園で冬の霜から苔を守るために、松葉を敷いた。茶人はことに大切な行事とし、炉の季節となると露地に敷き、緑が徐々に茶色く移る様を風情とした。これはその情景を意匠にしたもの。織り帯。

［三つ追い松葉の丸《みつおいまつばのまる》］
二股になった松葉は意匠化しやすく、このような丸文にしたり、二つを向かい合わせて菱形にしたり、はては蝶や鶴を形どったりもできる。紋章にも松葉紋は多い。蒔き糊に小紋型染した塩瀬地帯。

薔薇文《ばらもん》 洋花文《ようばなもん》

バラはギリシャ神話に現れて以来、西欧では美と純潔、愛と喜びの象徴として栽培、観賞されているので、日本では昔は縁がなかったと思われるかしれないが、『古今集』に詠まれているから、存在はしていたはず。しかし文様となると近代を待たなければならない。明治の中頃、西欧から色々な品種が伝わるにともない大輪の薔薇の文様がとり入れられ、大正期には流行ともなっている。明治から大正、昭和初期にはまた、各種の洋花も文様としてきものに用いられている。それらの花が身近になったとともに、従来の着尺地に銘仙やメリンスなどの実用的な布地が加わって、庶民も自由に大胆にきものを楽しむようになったからだろう。

［薔薇］ばら

従来の植物文様には、写生風なものと、意匠化した図案風のものとの両面があるのに対して、薔薇は表現手法は何であっても、写生風なものが圧倒的に多い。薔薇の華麗さを生かすにはそうなるのだろう。縮緬地刺繡半襟。

［薔薇］ばら

薔薇の華やかさは現代女性に好まれる。薔薇の季節は春と秋の二回あるが、「五月の薔薇」との表現があるように、四月、五月こそふさわしい。縮緬地に刺繡の帯。

［チューリップ、コスモス］

コスモスは秋桜とも書いて日本の秋になじんでいるが、メキシコ原産。チューリップとともに洋風タッチで描かれ、メリンス（モスリン）という新しい素材にふさわしいモダンさ。型染。

［チューリップ］

メリンス地に型染したチューリップで、あきらかにアールデコの影響がうかがえる。着物にしたのか、長襦袢か、軽くて温かなメリンスは、冬の日常の襦袢として愛用されたものだった。

［カーネーション］

母の日にカーネーションを贈る風習がアメリカから伝わったのは、戦後のこと。切り花として盛んに用いられるのも、そんなに昔からではない。紋綸子地に十字亀甲とともに型染した、かなりハイカラ文。

［プリムラ］

現代の洋服素材の図案にも使えそうな、プリント柄にもぴったりな意匠。少女の総柄の着物になったのか羽織だったか、普段着に自由に着たのだろう。型染一越地羽織。

［洋花尽し《ようばなづくし》］

ダリア、ヒヤシンス、アイリス、この西洋風な花々は着る人に新鮮な気分を吹き込んだことだろう。ましてこれは両面全体を織り出す丸帯。盛装の場にこんなモダンな文様をまとったのだ。

［花尽し《はなづくし》］

ダリア、薔薇、カーネーション、そして何やら判別できない花々。きっと目に新鮮に映った花を図案化したものだろう。古来の画人、工人の約束から離れて、自由に文様を起こす喜びが伝わる。織り帯。

動物の文様

［緋朱色金通し地群鶴文振袖］

鳥と植物

正倉院に残る西方伝来の動物文は、獅子、象、ラクダや有翼獣のような想像獣で、たくましい姿の動物だが、現代に続く日本の動物文は、日本人に身近な愛らしい小動物がほとんど。農耕民族であり四季の移ろいとともに暮らしてきた私たちにとって、鶴亀から虫、魚にいたる小動物がごく自然であり、愛着もわいたのだろう。中でも鳥はよくモチーフにされ、草木花との組合せで季節感を象徴している。

違い雁金

飛び雁

［椿春蘭に小鳥］《つばきしゅんらんにことり》
定番の文様としての名称はないが、花木に小鳥が遊ぶ風景は奈良時代からよく用いられてきた意匠。椿の葉は常緑、蘭も四君子の一つ。そこに飛び集う鳥はめでたい景色なのだろう。これは刺繍帯だが、棲模様にほどこしても華やかさと格調が出る。新春から春盛りにふさわしい。

［梅に鶯］《うめにうぐいす》
和歌や俳句にもとり上げられる、おなじみの組合せ。年の最初に花開く梅と、年の初めに聴く鶯の声を「初音」というように、初春を象徴するこれらの組合せは、抜群の出合いである。きものの文様としては短い期間しか使えないが、印象的なものとなる。刺繍紋綸子地二枚重ねの中着。

［葦雁文］《あしかりもん》
秋に渡ってきて越冬し、春になると北に帰る雁は、まさに季節の水鳥。水辺の葦との組合せも定番で、秋の風情を代表する文様。雁はほかに各種の意匠があり、斜めに連なって飛ぶ「雁行（がんこう）」、降りてくる姿の「落雁」、紋章にもなっている「雁金（かりがね）」など。絽地刺繍半襟。

孔雀文《くじゃくもん》　雉子文《きじもん》

孔雀、雉子ともに美しい鳥である。孔雀は各国で意匠化して文様とし、中国では瑞鳥として牡丹とともに配した。日本に伝わったのは奈良時代と古いが、きものの文様として広まったのは江戸時代。雉子は繁殖力の強いところから子孫繁栄を示し、孔雀とともに美しい吉祥文として婚礼衣裳にも用いられる。

［孔雀《くじゃく》］
頭頂に冠羽を持ち、雄が求愛のために羽を広げた姿は見事。その華のような姿にたんぽぽを配して染め描いたこの帯は、吉祥文とはいえ春の盛りに締めようとしたのか。染に刺繍を加えた塩瀬地帯。

［孔雀《くじゃく》］
流水に草花を配し、崖上に羽を休める雄孔雀。上の孔雀と描き方の違いがおわかりだろう。上は昭和初期、これは大正時代のもので、こってりとした表現である。しかし現代でもこのまま婚礼衣裳にとり入れることができよう。手描き友禅紋綸子地着物。

［雉子《きじ》］
羽の色美しく、母性愛が強く子孫繁栄を意味する雉子は、よく春の草花とともに描かれるが、季節に関わりなく吉祥も意味する鳥。菊、竹、牡丹の合間に潜む雉子を、抑えた色合いで織り出したこの文様は、実に格調高い。正装の場にも応じられる帯。

雀文《すずめもん》

一年じゅう、いつでもどこででも身近にさえずる雀は、あまりに見なれた小鳥。人を恐れないその姿は愛らしく、文様としても平安時代から見られる。竹に雀を組み合わせて丸く意匠化したり、秋草の中を飛ぶ雀だったりした。動物の恩返しがテーマのおとぎ話『舌切り雀』に見られるように、人の暮しと雀は深く結びつき、日本人特有の細やかな自然観察で雀文を描き分けている。春の子雀、稲穂をついばむ雀、冬の寒さに羽毛をふくらませている雀、それぞれの季節とともにあることが雀文様の特徴といえようか。ふくらむ雀は「福良む」と当て字して縁起よいものと考えられたため、「福良雀」として独特な形に意匠化されている。

［竹に雀《たけにすずめ》］「稲穂に雀」とともに一般的な雀文。どこにでもあった竹林をねぐらにする雀にとって竹はまさに「雀の御宿」。写生的であったり、意匠化されたりして、様々に見られる。これは平絹に手描き友禅、さらに雀と葉の部分に刺繍をほどこした着物の一部。竹に雀文は季節性は強くはないが、盛夏以外のものに多い。

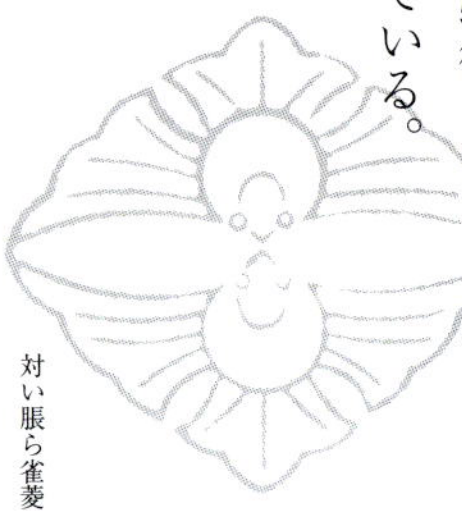

対い脹ら雀菱

［枯れ木に群れ雀《かれきにむれすずめ》］

すっかり葉を落とした木の枝に群れる雀は、誰もが目にする光景だろう。こんな身近な情景も文様になるのは、雀文ならでは。地色の藤鼠色とよく合って晩秋から冬にふさわしい。手描き友禅縮緬地着物。

［福良雀《ふくらすずめ》］

ふっくらと太った子雀や、寒さに羽毛をふくらませた雀も意味する。これは上からの姿を意匠化したもので、この形に似た帯結びをも「福良雀」と呼ぶのはご存じのとおり。子供用きものの文様にも使う。

［稲穂に群れ雀《いなほにむれすずめ》］

「稲穂に雀文」のバリエーションで、稲穂にたわむれる雀の姿だが、ここでは田んぼに刈り残した稲穂に群れ、ついばんでいると見てとれる。裂地だが、羽織の裏地だろう。

［福良雀《ふくらすずめ》］

意匠化した福良雀文の多くは正面からとらえた姿で、丸く表わした胴体、両側に伸ばした翼、扇状に張った尾羽を単純化して意匠とする。当て字から縁起物として用いることもある。縮緬地刺繡半襟。

［雪に群れ雀《ゆきにむれすずめ》］

ねぐらに帰るのだろうか、激しく降る雪の中に群れ飛ぶ雀。雪の表現法が面白く、ふくらんだ冬雀であるのもよくわかる。これだけの数の雀は着物ではちょっとくどいが、羽織裏や長襦袢なら楽しめる。

［雀の御宿《すずめのおやど》］

娘姿と奴姿に見立てた雀が竹林に寄り集う。訪ねてきたお爺さんを歓待する「舌切り雀」話を読みとるのはうがち過ぎだろうか。しかしこんな趣向のものを身につけるのも洒落て楽しい。縮緬地刺繡半襟。

千鳥文《ちどりもん》

文様でいう千鳥は、鳥の種類ではなく、水辺に棲み群れ飛ぶチドリ科の鳥の総称。自由に群れる様が面白いのと、鳴く声にあわれさがあって、万葉の昔から歌に詠まれ、文様としても工芸品に衣裳にととり上げられてきた。水辺の風景文様の一部として写生風に配されたりもするが、様々に単純意匠化されたものが面白い。

[千鳥]《ちどり》
意匠化された千鳥文の一つ。さらに単純にして輪郭線と細い足だけで表現したものもあり、究極は千鳥格子。江戸時代以前の千鳥文はこれほど太ってはおらず、もっと細くスマート。この千鳥は網手を地紋にした紋紗地に型染されて、海辺の「浜千鳥」を意図している。

[波千鳥]《なみちどり》
千鳥は水と組み合わせた文様が多く、これも立波を配して、波間に遊ぶ千鳥を意図している。楊柳地刺繡半襟だが、夏の染め帯、刺繡帯に、また着物の裾部分に配するのも洒落ていよう。

[流水千鳥]《りゅうすいちどり》
江戸から明治の時代に盛んだった木綿紋の「有松絞」にはよく千鳥の文様がくくり染されていたという。これは縮緬地ながら単衣物で、現代ならば六月に着るというところか。浴衣柄にも格好だ。

燕文《つばめもん》

南国で越冬した燕は、春暖かくなると日本の古巣に帰ってくる。二つに分かれた尾羽を翻して飛ぶ姿は優美で、初夏の風物詩であり、きものの文様としても、季節を象徴するお洒落感覚の文様として、単衣物に使われる。春に芽吹く柳や、雪溶けの水、波などとの組合せが多い。

［波に燕《なみにつばめ》］
燕は街中でも山野でも見かける。これは山崖の滝の水しぶきに遊ぶ姿だろうか。立波にしぶきが点で表現され、燕は羽色も胸元の紅色もそのまま写生的に写されている。初夏の爽やかな風と躍動感が伝わってきそうだ。絽地に刺繍の帯。

［流水に燕《りゅうすいにつばめ》］
水の流れを縦に配したよろけ縞で暗示し、飛び交う燕を意匠化して配している。縞の間にのぞくのは杜若(かきつばた)か黄菖蒲(きしょうぶ)か、水辺に咲く初夏の花。絽縮緬地なのでやはり六月に身につけたものか。型染に燕部分は刺繍。

［柳に燕《やなぎにつばめ》］
紅型染では桜に燕、友禅などでは藤に燕など季節の花木との組合せが見られるが、これは芽吹き柳に飛ぶ燕。銀座の柳に燕は歌謡曲にも歌われた風物詩だった。いっせいに芽吹いて枝垂れる柳は美しく、文様としても各方面で使われている。銀糸入り絽地に刺繍帯。

鶴文《つるもん》

古来、鶴は日本人の心情にぴたりと寄り添う鳥であった。立ち姿も飛び交う姿も優雅で気品があり、穏やかな性質、そして長寿の瑞鳥であった。オリエントで生まれた「花喰い鳥文」が、鳩や鸚鵡《おうむ》または異国の鳥であったのが、平安時代に和風化されて鳥は鶴、くわえる枝や真珠、リボンが松となって定着したのも、身近に第一等の鳥としてあったのが鶴だったからだろう。したがって鶴は基本的に吉祥、瑞祥を表わすモチーフであり、鶴亀の組合せ、松竹梅鶴亀、また蓬莱山文の要素としてなど、喜び、品位を象徴する文様となる。ここでは厳密な吉祥、有職文ははずして紹介するが、瑞鳥の文様という意味は、身にまとう時も心したい。

［松竹梅に群れ鶴《しょうちくばいにむれづる》］
川辺の松の古木に笹、梅、その下に群れ立つ丹頂鶴。これは着物の一部なので川の先には亀が描かれていたであろう。そうなれば単なる風景文ではなく、吉祥の文様である。ここでは日本画にも描かれてきた優美な鶴の描写に注目してほしい。絵画風な表現は現代にも新しい。手描き友禅縮緬地着物。

［舞い鶴《まいづる》］

絵画のテーマに工芸品の意匠に、鶴ほど千の姿、万の様でとり上げられているものはないだろう。ことに空中ゆったりと飛ぶ姿は見事で、まさに舞うという言葉にふさわしい。群れ飛ぶ鶴は口を開けたものと閉じたものが混ざるのが定番。繻子地に刺繍の帯。

［群れ飛び鶴《むれとびづる》］

飛び鶴の様子を意匠化して一面に配した文様は江戸千代紙などにも見られる。同じ形を連ねたり、様々な姿態を意匠化して連ねたり。これはその千代紙を連想させる型染で、羽二重地の帯。現代のプリント図案にも使えるだろう。

［鶴丸《つるまる》］

意匠化した鶴文は二羽が向い合った「向い鶴」、菱形にした「鶴菱」、単純化した「光琳鶴」などがあるが、いちばん用いられるのは鶴丸だろう。羽を広げて円のように構成した意匠。正装にふさわしい文様である。織り帯。

［花喰い鶴丸に扇面《はなくいつるまるにせんめん》］

近世でも松ではなく花の枝をくわえた鶴の意匠は見られる。これはその鶴を丸文にし、様々の文様を地紙にした扇面とともに織り出した、めでたく華やかな丸帯。花喰いの鶴や鴛鴦は婚礼衣裳にもふさわしい。

水鳥文《みずとりもん》

鷺《さぎ》、セキレイ、都鳥、鴨、鷗《かもめ》などの、水上や水辺に棲む鳥を水鳥とまとめて呼ばせてもらおう。84頁の雁も渡り来る水鳥である。水鳥の中でも文様にされやすいのは鷺で、中国磁器の影響で焼物の図案に使われる。きものの文様となると、水辺の風景描写の一部としてがほとんど。葦や蛇籠、網干の水辺の風物とともに配され、水との関わりだけに、単衣の時季に用いられることが多い。

[葦に白鷺]《あしにしらさぎ》

葦雁文と同様に、葦と鷺の組合せもしばしば見られる。下の白鷺と見比べると、すっきりと意匠化されていて、なかなか面白い文様となっている。縮緬地の長襦袢だが、着物に染め帯に、男女を問わず羽織裏にもよい意匠。

[水辺の白鷺]《みずべのしらさぎ》

長いくちばしと、長い脚が特徴の美しい水鳥で、雪の中に舞う白鷺の哀しみと美しさは舞踊「鷺娘」になっているほど。この着物の白鷺は写実すぎるのか、少々恐い。いずれにしろ、このように点景の一つの要素とされることが多い。

［柳に水鳥《やなぎにみずとり》］
葉を繁らせてきた柳の下で連なって泳ぐこの水鳥は何だろう。現代ではカルガモの親子も連想されるが、上から見た姿が巧みに意匠化されている。縦絽地に型染し刺繡を加えて柳に立体感を出している。

［雲間の鷗《くもまのかもめ》］
空高く飛ぶ鷗という珍しい意匠。近代になって、いろいろな水鳥を文様にもとり入れるようになった。『伊勢物語』で在原業平が「わが想う人はありやなしや」と尋ねた都鳥はユリカモメだったという。

［葦に鴨《あしにかも》］
水辺の葦の間を泳ぎ回る、鴨。雁と鴨は同じ科目で形や生態が似ているが、つがいの右の姿を見ると鴨のつもりか。晩秋の情景であろうが、あえて夏物の絽に刺繡して季節を先どり。半襟。

［明け烏《あけがらす》］
濃い地に溶け込むように刺繡された烏は、薄暗い明け方の空に鳴く、男女の情のはかない夢を破る邪魔者。歌や都々逸にとり上げられているが、特に粋筋の女には好まれたテーマだった。紗地着物。

［蛇籠葦に鵜《じゃかごあしにう》］
水中に沈めた蛇籠は昔はよく見られ、葦との組合せも定番といえる。そこに配した水鳥は、鵜飼いの鵜。透ける単衣に濃い地色を選ぶのは涼を演出する方法で、この着物もその意図。

［古木に白鷹《こぼくにはくたか》］
「一富士二鷹三なすび」は、正月の縁起物として初夢に出れば大当り。勇猛で姿も美しい白鷹は武家に愛好され鷹狩りの風習もあり、特別な鳥だった。緞子地帯に刺繡されて、正月に締めたものだろうか。

蝙蝠文《こうもりもん》

過去には暗い土蔵の中にも棲み、夕方になると飛び交っていた蝙蝠も、現代ではとんと見かけないものとなった。鳥なのか哺乳類なのかとイソップ物語で揶揄された、不気味な動物がどうして文様にと思われるかしれないが、中国の影響が大。吉祥を表わす文字と発音や意味が同じものを大事にする中国では、蝠と福は同義語。福を呼ぶものとして、蝙蝠の絵柄は今でも陶磁器等に見られる。日本でも江戸後期、七代目市川団十郎が家紋にしたり染め柄にしたりして大流行し、浴衣、絣、小紋などの意匠にされた。現代ではあまり用いられない文様だが、忌み柄ではないことは理解しておきたい。

[薄に蝙蝠]《すすきにこうもり》
露の落ちた薄の群れに飛び交う蝙蝠。布で残っていた羽二重地だが、型友禅に、薄の穂や蝙蝠の一部に刺繍がほどこしてあり、着物だったのだろう。こんな絵柄こそ、お洒落を知りつくした年配の方に着てほしい。

[枝垂柳に蝙蝠]《しだれやなぎにこうもり》
夏の夕暮れ、柳にまとわり飛ぶ蝙蝠。マントを広げたような姿で、これを図柄としてたくさん配した「百蝠文」が、福が多いとの意味で中国でも日本でもよく用いられた。型友禅に一部刺繍の絽地帯。

鶏文《にわとりもん》

［鶏《にわとり》］『古事記』の天の岩戸神話で天照大神を呼び出すために鳴いた長鳴鳥は鶏。太古から身近にいて、時を知らせる大事な動物だった。この雄鶏は、江戸中期の画家、伊藤若沖の「群鶏図」にあるものを写したのではないか。酉年正月にはぴったりだし、春には合う。刺繍帯。

［鶏雛《とりひよこ》］神の鳥として大事にされた鶏はまた、雌鳥となると卵を産み、雛をかえして育てる母性の象徴。これは黒留袖の裾部分で、落ち穂をついばむ鶏の親子が絵画調に愛らしく描かれている。結婚した女性ならではの文様といえる。手描き友禅。

［雛《ひよこ》］成鳥がそれなりのめでたさをもって文様にされたのに対し、ヒヨコとなると、もっぱら愛らしさで意匠とされている。図案化したこのヒヨコは、洋服地のプリントに使えそう。モダンで愛らしい。錦紗地の長襦袢。

［雛《ひよこ》］ほかの鳥でヒナが文様に使われることはほとんどない。それだけ身近で、いとおしく観察されてきたのだろう。これは着物の一部だが、帯に親鳥を染めて組み合わせても。

蝶文《ちょうもん》

蝶文が和風化され用いられるようになるのは平安中期以降で、「向い蝶」「伏蝶」などは有職文様となっている。能装束や小袖に意匠されたのは桃山時代から。蝶文が好まれてきたのは、姿形の優美さ愛らしさもあるが、その変化の様が呪術的神秘性を感じさせたからである。卵から青虫、毛虫となり、脱皮を重ねて蛹《さなぎ》に、やがて美しい蝶となって舞い上がる。不死不滅のシンボルとして武士の紋章にもなってきた。しかし一方、「花に蝶」の表現もあるように、次々に飛び移る、寄る辺の定まらぬものとの見方で嫌う人もいる。ことに女性のきものでは婚礼の場や正装には心したほうがよいかもしれない。

［揚羽蝶《あげはのちょう》］
蝶の種類は多いが、文様としてはやはり立派さから揚羽蝶が最も多い。紋章の多くも揚羽をモチーフにしている。松葉、露芝に配したこの揚羽蝶文は、羽部分の模様は実相に添いながらも華麗に彩って、文様の特質をよく表現している。趣味の場で身につけるなら、これほど華やかな文様もないであろう。染の平絹地に刺繍帯。

蔦結び蝶

［向い蝶《むかいちょう》］
蝶文は実に多彩で、また時代相を映してもいるが、この向い蝶は古典的な意匠である。二羽の蝶を向かい合わせ、丸く構成する。有職文として織り出される向い蝶はこれをさらに単純化したもの。

［蝶散らし《ちょうちらし》］
いろいろな種類の蝶が群れをなしている様子だから、群れ蝶ともいおうか。大きな二羽は揚羽。白地を基調に刺繍しているので、清楚な感じがする。絽縮緬地刺繍半襟。

［蝶《ちょう》］
下は蛾かとも見える蝶だが、上は揚羽蝶。渋い色合いで華やかな蝶を表現しているのがポイントで、洒落心をくすぐる。楊柳地刺繍半襟。

［蝶《ちょう》］
麦の穂とともに型染された蝶々は、なにやら異国風な趣がある。絵更紗のように埋めて染めた手法は、明治末から大正期のモダニズムが潜んでいて、現代のプリント柄にも通用する。

［蝶《ちょう》］
蝶は図案家の創造性を刺激して、様々にデザインされ、またアールヌーボー、アールデコなど時代の影響も色濃く出している。これは菊の葉や花を蝶形に見立てている。型染縮緬地着物。

［蝶《ちょう》］
時代の風をとり入れてきた蝶文はまた、表現手法も工夫された。現代の洋服地かとも見えるプリント柄に、レース状の蝶を刺繍した帯。

蜻蛉文《とんぼもん》ほか

トンボのほか虫全体でとらえてみると、動物ではあっても昆虫は文様にされることは少ない。日本人の暮しに必ず必要なものとは言えず、印象強いものでもなかったからだろう。その中でも意匠化された限られた昆虫が蝶であり、「虫の音」を発する松虫や鈴虫であった。松虫、鈴虫は秋の季節感を象徴するものとして秋草などに配して、しばしば文様となっている。ほかには、夏の夜に青白い光を発して飛び交う蛍、夏の訪れとともに来たり秋深まれば生を終える蜻蛉が上げられる。蜻蛉は姿形も印象的で、別名「かちむし」と呼ばれて武士の甲冑や刀のつばの文様にもされた。

［蜻蛉《とんぼ》］
蜻蛉は文様としても意匠化しやすく、力強い姿が武士に好まれたというのも理解できる。きものではやはり季節を表象するもので、七、八月の透ける単衣、九月の透けない単衣物に。浴衣柄としても愛好されている。塩瀬地織り帯。

［萩に蜻蛉《はぎにとんぼ》］
江戸時代以降、武士以外にも蜻蛉の文様は広がり、きものにとり入れられるようになってきた。秋草とともに描かれることも多く、短い間のきものだからこその楽しみがある。型友禅絽地着物。

［水辺の蛍《みずべのほたる》］

暗がりで光を点滅させる蛍は、ことに色をともなう染織の世界では効果的だ。絵画のみならず工芸においても夏の水辺の風景を描写するモチーフの一つ。これは男性用羽織裏。水辺に飛ぶ蛍を絵画風に細かく描写している。織りお召。

［蟬《せみ》］

同じ鳴く虫でも、蟬の文様はほとんどない。暑くてうっとうしい季節、その夏をいやでも連想させる蟬はごめん、ということだったのか、蟬時雨のやかましさを嫌ったのか。古木にとまる蟬が文様になっている、珍しい例として紹介する。紗織り帯。

［蛍《ほたる》］

萩、撫子などの秋草を織り出した紋紗地に、蛍を手描きしてある。現代なら袋物に仕立てても夏の楽しみとなる。蛍文は着物、帯、襦袢のほか、浴衣にも一般的。

［蜂《はち》］

きものとしては珍しい文様。萩の枝にとまる蜂を織り出している。アールヌーボー期の工芸品には蜂や蟬、蛙などがしばしばモチーフとして用いられているが、日本の職人も触発されたか。透けたように見える羽の表現など、実に巧みな技術である。紗織り帯。

兎文《うさぎもん》

月には兎が棲んでいるとは、子供の頃に聞かされる話だが、この伝説は中国が発祥地。不老不死の霊薬を搗き続ける兎と、ヒキガエルが月に棲んでいるとされ、その意匠の影響は日本でも飛鳥、奈良時代の遺物に見られる。兎の意匠が盛んに現れるようになるのは桃山時代から江戸時代にかけて。名物裂の花と兎を組み合わせた花兎文、また伊万里や古九谷の焼物に、また辻が花染や狂言衣裳にも兎文は見られる。波や月、木賊《とくさ》、秋草などとの組合せがよく見られ、それぞれ由来がある。兎自体も真正面から、真横から、上からといろいろな角度で意匠化され、三羽がうずくまる三つ兎文なども愛らしい。

「秋の野の兎《あきののうさぎ》」薊、女郎花も咲く薄の野原に遊ぶ二羽の兎図は、かなり絵画風に表現されているところから、画家が下絵を描いたか、先人の絵画を模倣したものではなかろうか。明治期の友禅染にはよく見られる手法だ。「秋の野に兎」はもちろん月からの連想。兎文のきものはやはり、仲秋の月の頃、八月後半から九月が似合う。紋紗地着物。

後向き番い兎

兎

［光悦兎《こうえつうさぎ》］

龍村製の帯で、この銘がつけられている。江戸初期の本阿弥光悦には確かに月に秋草、白い兎を配した扇面画があるが、兎の動きは違う。琳派調に単純化した兎である。しかし単純な太い輪郭線で表現された兎は、なんとも愛らしい。

［波兎《なみうさぎ》］

因幡の白兎は波を走り海を渡る出雲神話。波兎はその神話を連想させるが、謡曲「竹生島(ちくぶじま)」の「月海上に浮かんでは兎も波を走るかおもしろの島の景色や」をテーマにし、江戸初期には大流行した。耳が長いのが特徴。絽地刺繍帯。

［花兎《はなうさぎ》］

龍村平蔵作で「角倉文錦」と銘されている。豪商角倉了以が愛用した名物裂の、元は綾地に金糸で織り出された文様を、色糸を使って変化。作り土と呼ばれる盛り土の上に、前足を浮かしぎみに後ろを振り返った兎と花樹を組み合わせた文様を連続させている。

［臼搗く兎《うすつくうさぎ》］

月で薬草を搗く兎は、日本に伝わって餅を搗く姿となった。十五夜の望月(もちづき)からの転化と、稲作の日本人には餅のほうがなじみだった。月の中に兎や、このように杵で餅搗きする姿は、さらに意匠化した形でも様に見られる。織り帯。

馬文《うまもん》

刀剣などには馬の文様が多くあっても、染織では少なく、きものにおいて馬が文様になっているものは、ほとんどが男児の衣裳。元気よく跳ね回る若駒の姿に男児への願いを重ねたのか。そんな中で女性が馬文を身につけるのは、踊りなどの芸能衣裳、午年に合わせて新春に、などの場合が考えられる。

［放れ馬《はなれうま》］馬文は絵馬に見られるように、野に放たれ自由に駆ける姿を写生風に表現したものがほとんど。これもそんな姿で、馬にちなんで地を手綱（たづな）に織り出したのが見せ所。名古屋帯なので比較的現代のもの。刺繍。

［春駒《はるこま》］上の帯の前帯部分。春駒は竹竿に馬の頭の作り物をつけ、車もつけた玩具。男児はこれにまたがり「はいどう、はいどう」と遊んだ。玩具としての春駒はしばしば文様としてとり上げられている。一本の帯を馬のテーマで通しているのが面白い。

［郷土玩具の午《きょうどがんぐのうま》］午年にちなんで、品よく馬を身につけたいと工夫したら、こうなったのではないか。会津の三春駒ほか各地の馬の飾り物を細かく刺繍してある。帯だが、棲にポイント的に、また帯に袋物にと使える。

鹿文《しかもん》

奈良・春日大社の神鹿をもち出すまでもなく、鹿は古来日本でも信仰の対象だった。文様としても古くは銅鐸に、そして正倉院御物に遺されている。日本人にとって鹿文の根底には『古今和歌集』の「奥山に紅葉ふみわけ鳴く鹿のこえきく時ぞ秋はかなしき」の思いが流れており、絵画に漆工にと展開され、紅葉や秋草との組合せが多い。きものにおいても秋の文様である。

［破れ地紙に鹿図《やぶれじがみにしかず》］
わざわざ扇面の地紙に描かれたという形で配された、秋の野の鹿。江戸時代琳派の画家は好んで鹿をモチーフにしており、この図もそんな中から写されたものか。型友禅羽二重地帯。

［鹿草木文《しかそうもくもん》］
西方からの影響を強く受けた上代裂には樹下にいる動物文が見られ、鹿文もある。これはやがて和風化されるのだが、この鹿文は正倉院の「鹿草木屏風」の影響を強く感じる。草木は梅などの日本のものだが、鹿の描写は古様を残している。織り帯。

［鹿文有栖川錦《しかもんありすがわにしき》］
名物裂有栖川錦は実に多様で、変り襷などの直線文の中に配されているのは、雲龍、馬、植物などなど。中でもこの鹿を表わしたものは代表的なので、鹿文としてもとり上げておく。復元した布地を帯に。また袱紗、袋物などにも用いられる。

犬文《いぬもん》 猫文《ねこもん》

犬猫をきものの文様にするとはと思われるかしれないが、桃山、江戸の時代からことに犬は画題としてとり上げられ、「狗図《くず》」とも題して各派の画家が描き、きものにもそれらを写した形で、モチーフになっている。それぞれ戌年に身につけたのか、また犬好きはいつの時代にもいる。

［竹に子犬《たけにこいぬ》］
琳派の先達、俵屋宗達の子犬図は有名だが、後の江戸中期の円山応挙にもすばらしい作品がある。子犬の可愛いしぐさを表現したこの意匠は、その応挙の画を写し変えたものと思われる。繻子地の織り帯。

［犬張り子《いぬはりこ》］
雛飾りの一つになっている犬筥は魔除けのための雄雌一対の犬形。犬張り子も、玩具であり子供の魔除けであった。このように犬は弱い者を守ってくれるお守りであり、とくに子供の衣服にはよく用いられた文様。型染布地。

[狆と鈴]《ちんとすず》
江戸文化爛熟期には洋犬も絵画のテーマになっているが、一般に殿中や豪商の内で愛玩された犬は狆が多かったようだ。この小型犬は鈴や手毬などを追ってよく動く。繻子地刺繍帯。

[狆と風船]《ちんとふうせん》
転がるものと犬の意匠は、近代になればこうなった。明らかに洋画の技法がうかがわれ、風船なのか玉乗りもできそうなゴム鞠なのか、大正、昭和初期の遊びがほの見える。繻子地に地描き染め帯。

[土人形猫]《つちにんぎょうねこ》
犬に比べてさらに猫がきものの文様になることは少ない。これは大正期のもので、きものの文様も対象を広げ、好きなものをモチーフにしだしてから。土の手びねりで焼かれた猫。羽二重地羽織裏。

[黒猫]《くろねこ》
金目黒猫は商売繁盛、お金を呼ぶといい、商人には愛玩されたのではないか。さすがに着物の表に黒猫が現われることはなく、これも羽二重地に型染され、羽織の裏に使われた。

[夢見る猫]《ゆめみるねこ》
もちろんこんな名称の文様があるわけではない。猫の種類も描き方も西欧風で、大正、昭和初期に流行ったメリンスという毛織物地に染められていることからも、時代の自由な雰囲気が伝わってくる。

[黒猫]《くろねこ》
洋風の壺に入れた花々と黒猫の組合せで、明らかに猫はアールヌーボー風の意匠。メリンスの日常着としての着物か、長襦袢にしたか。メリンスの襦袢は自由に文様を楽しみ、隠れたお洒落であった。

獅子文《ししもん》 ほか

獅子すなわちライオンの文様は、古く正倉院裂の「樹下動物文」や、「四騎獅子狩文」などの狩猟文に見られる。西方の人々にとってライオンは目の当りにする百獣の王であったが、日本人にとっては実物を見たこともない、想像の獣。それゆえ和風化の過程で獅子は「唐獅子」として極端に意匠化され、多くの工芸分野でモチーフとなり、きものにおいても勇壮と厄除けのシンボルとされた。

［唐獅子《からじし》］

唐獅子は一般人にとっては獅子舞いの獅子頭をイメージすればよい。大きな目、裂けた口、渦状の巻毛などである。これは破れ切り箔を散らし、太鼓部分に獅子を織り出した綴織り帯。獅子自体に季節性はないが、やはり正月の祝いの席が一番似つかわしい。

対い獅子の丸

［天駆《てんか》ける唐獅子《からじし》］雲を背景に空を勇壮に駆ける獅子。日本人はこれほど獅子を空想化してとらえていたのだろう。獅子の胴体の文様に注目してほしい。この巻毛文は唐獅子特有の表現で、この毛だけでも唐獅子とわかる。織り地に刺繍帯。

［唐獅子牡丹《からじしぼたん》］牡丹と獅子の組合せは、卑近なところでは映画の題名、刺青の文様。しかし出典は古く、能の「石橋（しゃっきょう）」に由来する。舞踊の「鏡獅子」などもその流れを汲み、必ず牡丹の造花が小道具に使われる。これは祝いの場に着た肩裾模様。

［巻毛文《まきげもん》］獅子の巻毛を単独にこれだけで意匠した文様。卍を重ねたような形だが、これは他の獣ではなく獅子だけの表現で、獅子舞いにかぶる緑の木綿布には必ずこの巻毛が染め抜かれている。元来は太陽を象徴したもので、太陽の力を宿すのが獅子だった。楊柳地刺繍半襟。

［竹に虎《たけにとら》］こちらは獅子ではなく虎。中国では虎は竹林に棲むと考えられて、虎に竹は付きものとして画題にもとり上げられた。きものの文様としては女性用には珍しく、これは芸者の出の衣裳として、寅年新年に着たものか。手描き友禅縮緬地着物。

亀文《かめもん》

鶴は千年、亀は万年と言い伝えられるように、亀は長寿の象徴。また古来中国では東西南北を青龍、白虎、朱雀、玄武の四神が守るとし、日本にも伝えられたが、玄武というのは亀に蛇が巻きついた形。神秘的な動物とされたのである。また亀は天を支え、物を背負うとされ、仙人が住むという蓬萊山を文様にした蓬萊山文様にも、亀が蓬萊山を背に波に乗る図もある。亀は多くは鶴亀文として吉祥文とされるが、亀単独の場合でも吉祥性をもち、祝いの文様として、ことに長寿繁栄を願う印として用いられた。染、刺繡以外にも絵絣の図柄として、嫁入り道具の覆いに、ふとん等にも配され、一般に愛されてきた。

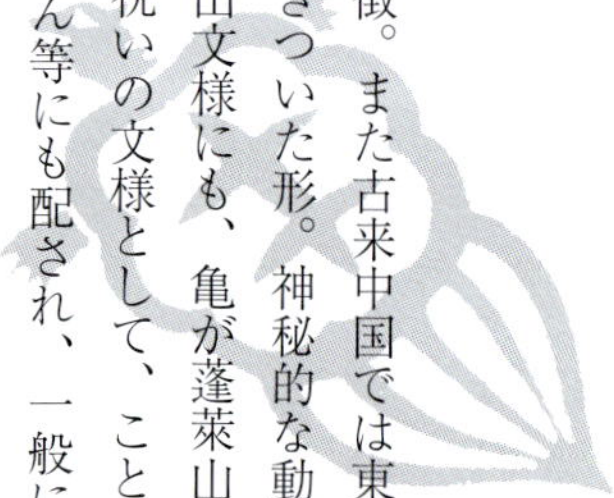

蓬萊亀

［亀］《かめ》

琳派調に描かれた亀。一般に亀の姿は写実的に表現されていることが多い。ただ、甲羅の部分は意匠化されており、亀といえば齢を表わす甲羅がポイント。甲羅が占いの手段ともなり、亀甲文にもなったのだ。型友禅羽二重地帯。

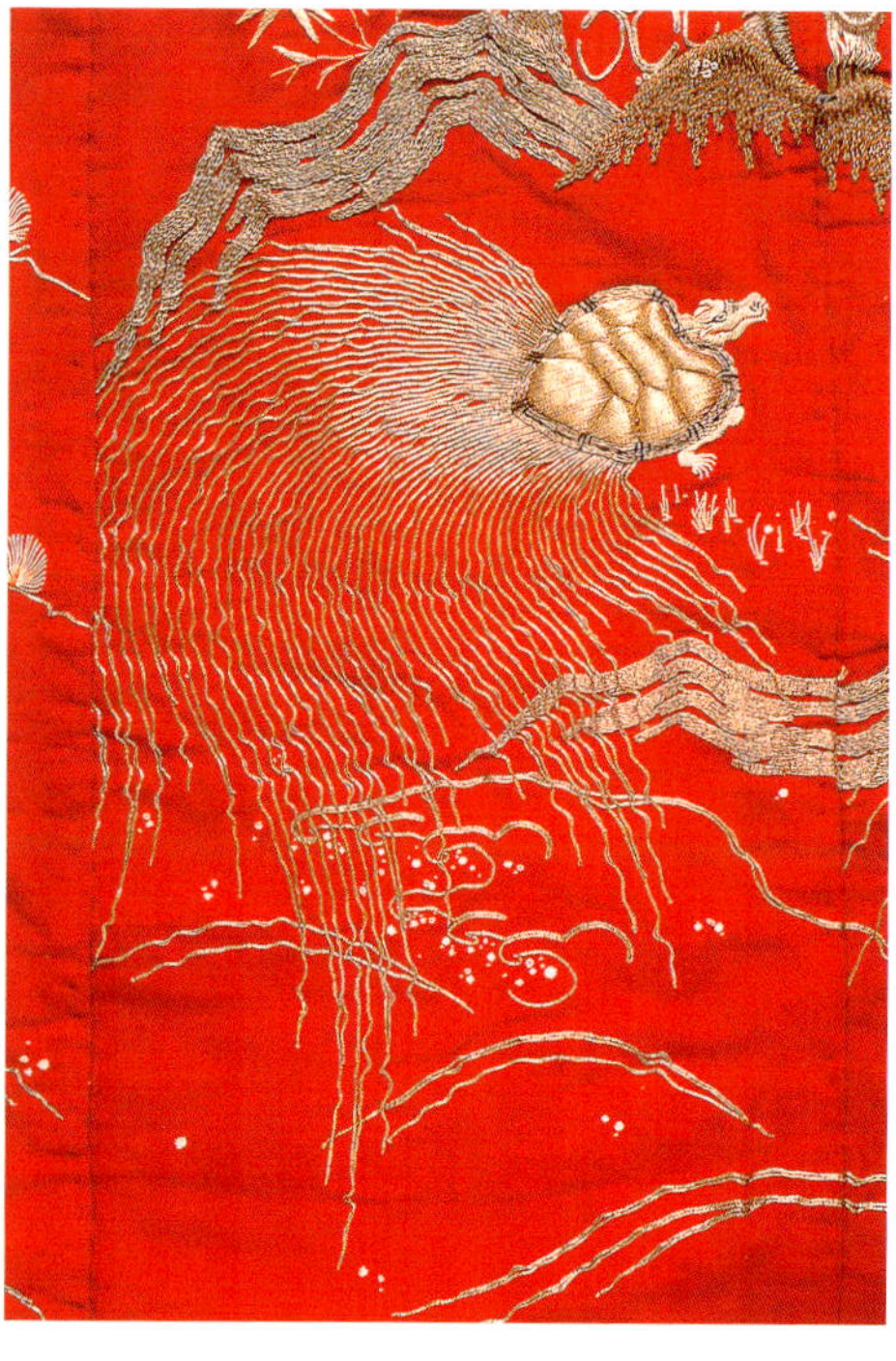

［蓑亀］《みのがめ》

甲羅の後ろの長く広がる部分を蓑に見立てた命名だが、これは長く生きて尾に海藻がつき蓑のようになった姿。亀文のうちでも蓑亀はとくに瑞兆とされる。ふとん地だが、嫁入り道具として作られたか。鬼縮緬地に総金糸刺繡。

海老蟹文《えびかにもん》

四方を海に囲まれた島国日本には、魚介類を独自に文様として意匠化したものも多い。川魚の鯉の文様は中国の影響が強く、また二尾の魚が向き合った「双魚《そうぎょ》文」は中国から伝わったもので魚の種類も日本人には特定できない。江戸時代以降となると、エビ、カニ、タコ、ホラ貝やハマグリはじめ各種の貝と、ごく身近にあるものを文様とするようになる。エビやカニはその姿形の面白さから、浴衣などに大胆にとり入れられている。また裏地として楽しむには格好のモチーフだったようだ。なお蟹の名がつく文様で「蟹牡丹文」があるが、これは牡丹を、蟹がはさみを振り上げた形に意匠化したもので、生物の蟹とは関わりはない。

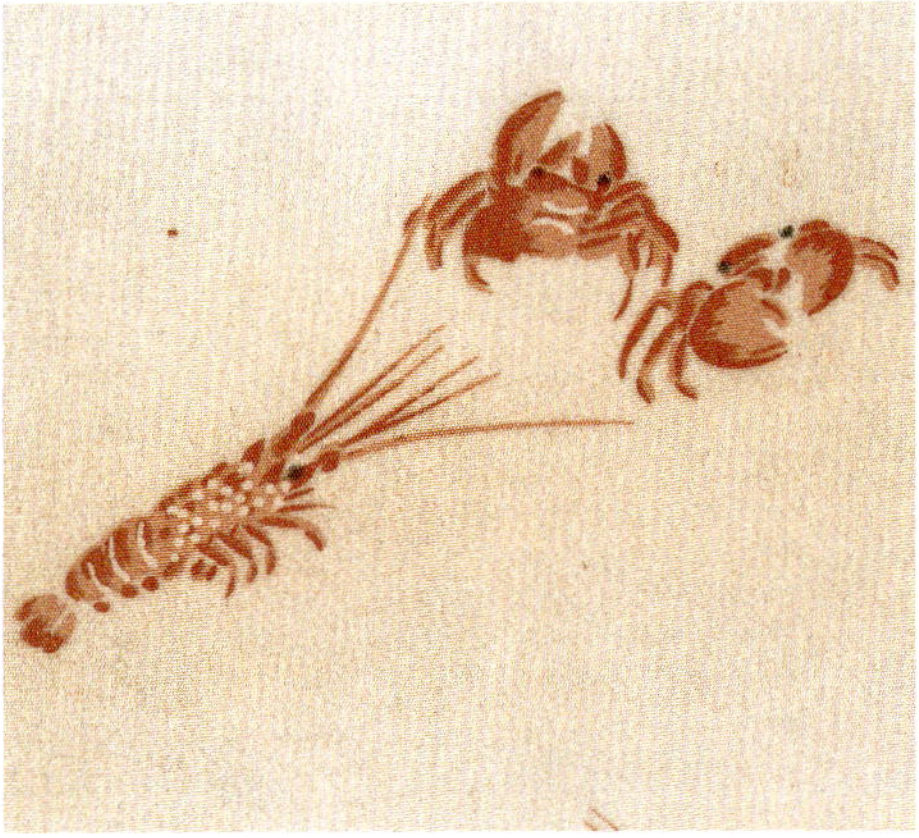

［海老蟹］えびかに
海老は腰が曲がっていても跳ねる力は強く、海の翁といって長寿を象徴するおめでたいもの。型染羽二重地羽織裏。

伊勢海老の丸

［蟹］かに
蟹は形の面白さから狂言衣裳にも、絵絣の柄にもとり入れられている。海辺の葦との組合せで、蟹を主題にした文様を身につけるなら、やはり季節は夏であろう。絽に蟹は箔置きで、葦は刺繍で表現した帯。

貝文《かいもん》

［貝寄せ］《かいよせ》
貝塚があるくらい貝は太古から日本人になじみのもの。文様の和風化が進んで以降は、漆工、金工に意匠され、きものにも特に江戸時代からは多く見られる。貝は形が面白く種類も豊富なので、あまり意匠化せず写生的に表現されるのが特徴。絽地に刺繍の帯。

［海松貝］《みるがい》
海松とは浅瀬の岩に生える海藻で、独特の形から文様にとり上げられている。波や貝との組合せが多く、海辺の風景の一部としてよく見られる。有職文を織り出した地に市松状に桜と波を絞り染で、貝と海松を刺繍した凝った帯。

［貝尽し］《かいづくし》
まるで貝類図鑑のように、実際の貝をリアルに写している。いろいろな貝を集めた貝尽し文は、種類が多い貝ならではの表現だろう。江戸時代から友禅染や江戸小紋に用いられた。これは洋画の手法をとり入れているのか、実に多色の型染。羽二重地羽織裏。

［海松貝］《みるがい》
上と同じ組合せだが、この文様は春の雛祭り頃から夏の単衣、浴衣にまでと、幅広く用いることができる。なお貝の中でも法螺貝(ほらがい)を中国では八宝といい、吉祥として扱う。繻子地織り帯。

魚文《さかなもん》

［魚《さかな》］
海中の様子を表現しているのだろうが、まるで現代絵本作家の一頁を見るようなタッチだ。しかし昭和初期の丸帯だから、当時の自由さ、稚気がうかがえる。タコ、貝類、カニ、ヒラメ、タイだろうか。岩陰の海草の下で楽しく遊ぶ。

［熱帯魚《ねったいぎょ》］
魚は魚でも、これは原色のように色鮮やかな南方の魚。熱帯魚がブームになってきた昭和初期に意匠されたものだろう。江戸時代に歌舞伎役者の着た柄がブームになったように、現代でも流行りのものをきものにとり入れる楽しみがあってもいい。絽地織り帯。

［魚尽し《さかなづくし》］
魚をいろいろ配しても、上とは全くタッチが違う。明らかに洋画感覚で、精巧な描写だ。110頁の「貝尽し」と同じく羽二重地に型染され、同じ工房で染られたものだろう。裏地に凝った洒落者の意気を感じるが、現代ならスカーフにもなる。

［流水に鮎《りゅうすいにあゆ》］
鮎は姿美しく、生まれた川に帰ってくるめでたさをもち、何よりも初夏から夏の季節を体現する魚である。江戸時代より絵のテーマにされてきた。現代でも洒落着として夏衣裳の文様に用いられる。流水を型染で、鮎を型友禅にした紋紗地着物。

金魚文《きんぎょもん》

古くから金魚が日本で愛玩されたわけではなく、文様としてあったわけもない。中国では八宝の一つとされたようだが、日本で一般に愛でられるようになったのは江戸中期以降。絵画などにもほかの魚とともに出現するようになる。金魚がきものに登場するのは何といっても大正、昭和になってからで、その華麗な姿形と少々のバタ臭さが、娘達のきものの文様にとり入れられ、愛された。金魚自体、涼をよび夏の風情のものだから、もちろん身につける季節は盛夏。浴衣柄としても、幼児から娘に至るまで現代では定番柄となっている。

[金魚に藻《きんぎょにも》]
写実的に描かれることの多い、きものの文様としての金魚で、これだけ意匠化したのは珍しいかもしれない。すべて織による表現だから、それなりの格も感じる。正装を要求される場には控えるべきだろうが、華やかな席に涼を演出してくれる。織り帯。

［流水《りゅうすい》に金魚《きんぎょ》］
江戸から大正期には、金魚の改良が進み、愛好者の間ではその華麗さ、珍しさを競い合ったという。そんな各種の金魚が集まって泳いでいる様を帯に。右頁の意匠より、くだけて趣味性が強い意匠。絽地刺繡帯。

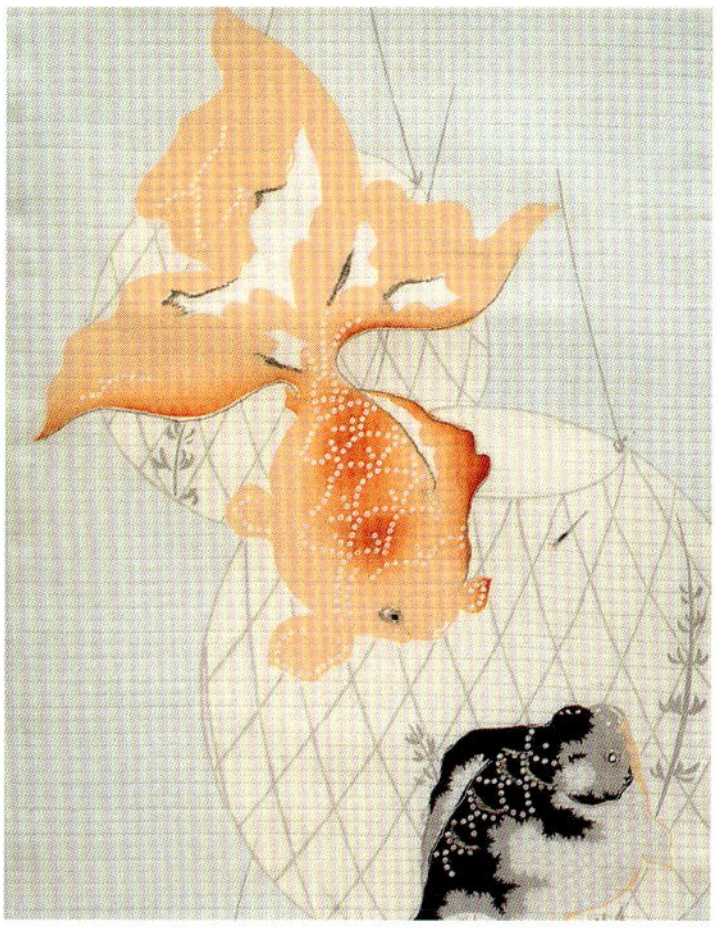

［金魚《きんぎょ》に金魚鉢《きんぎょばち》］
江戸から明治期はまた、愛玩用に金魚鉢も工夫し、曲物、ガラス細工など贅沢品も見られる。これは浮き玉形の鉢なのだろう、下のランチュウという貴重な金魚の描写とともに、珍しく贅沢な風情。金魚鉢にはメダカもいる。型友禅絽地帯。

［金魚《きんぎょ》］
袂(たもと)に泳ぐ大きな金魚をひらひらさせて、お出かけする娘はどんなに晴れやかだったことだろう。友禅染のぼかし手法を巧みに使って描いた金魚はまさにあでやか。銀糸で水を織り出した絽地着物。

［金魚《きんぎょ》］
曲線で水を、そして藻の繁みと金魚を鮮やかに刺繡。絽地の半襟だが、このまま帯の絵柄にもいいだろう。

鯛文《たいもん》 鯉文《こいもん》

魚の文様であっても、鯛と鯉は少々意味合いが違ってくる。普通の魚は季節感をもち、趣味性の勝った文様なのに対し、鯛と鯉は吉祥の意味をもつ。まず鯛は日本独特の思想だが神道では神への供物とされ、一般でも祝い事に飾る。ことに二尾の鯛を頭のほうで合わせて左右に向い合わせた形は祝鯛といい、きものにも酒樽や松竹梅、舞い鶴などを配して文様にされている。恵比寿・大黒様が鯛を抱える図柄もある。鯉は中国では龍門という急流を昇り、やがて龍になるという伝説があり、日本でも「鯉の滝昇り」はまさに吉祥文。また名物裂「荒磯緞子」の波間に踊る鯉の意匠は有名だが、それぞれ別項で紹介する。

［鯛］《たい》

これは祝鯛文ではなく、単に実物の鯛を日本画のようにリアルに写生したもの。羽二重地に手描き友禅で、羽織の裏に用いられた。女性のきものに鯛の文様が用いられることは珍しく、鯛文は意匠化されて絵絣になったり、漁師の派手な祝着に染められたり、男児の着物に使われることが多い。

［昇り鯉］《のぼりごい》

鯉が流れに逆らって泳ぎ昇り、飛び跳ねる勇壮な姿をとらえていて、出世魚と言われるにふさわしい。鯉文のほとんどは波、水との組合せで、元気でいきいきした姿で意匠されているのが特徴。絽地に手描き友禅、そして刺繍をほどこして立体感を加えた帯。

［鯉の丸重ね］《こいのまるかさね》

鯉一尾を頭と尾を合せて丸く形どり、それを重ねて。丸い形は跳ねる姿にも通じる。水を織り出した絽地に刺繍の帯。

［波に鯉の丸］《なみにこいのまる》

鯉の鱗は三十六枚あるといわれて、六六魚の名もあるが、大きな鱗は鯉の特徴ゆえ、荒磯文も含めて鯉文は鱗を強調して意匠化されている。これも鱗を強調した鯉と激しく立つ波を組み合わせて、やはり鯉の滝昇りを意図したもの。絽地織り帯。

［鯉幟］《こいのぼり》

端午の節句には鯉幟を立て、男児の健康を願う。これは男児の羽裏に用いられていた布地で、鯉、風車、まさかりを配して、「足柄山の金太郎」伝説を悟らせている。金太郎は鯉に乗って急流を昇ったといい、今でも鯉幟の親鯉には金太郎の姿がつく図柄もある。

鳥獣人物戯画《ちょうじゅうじんぶつぎが》

十二支文《じゅうにしもん》

江戸時代になって、女性のきものの形式も現在のものに近づいてくる。身丈は次第に長くなり、身幅はせまく袖幅は広くなってくる。そして中期には友禅染をはじめ小紋、中形などの型染と、染め技法の開発とともに文様を自由に表わせるようになり、きものはいっそう華やかなものとなった。明治以降はまさに文様の種類は豊富になり、身近なテーマを貪欲にとり入れている。家の内にいた女性も活発に外出しだしたこの頃には、女性もさらに羽織を着用するようになり、大正期には羽織にそして羽裏に面白い意匠が見られる。紹介する二点もそんな動向の反映だろう。

[鳥獣人物戯画《ちょうじゅうじんぶつぎが》]
京都・高山寺に伝わるこの墨絵絵巻は、美術全集でもおなじみ。鎌倉時代に鳥羽僧正によって描かれたともいうが、風刺画の走りといえよう。これはその戯画を写したもので、ご丁寧に高山寺の印まで染めてある。

[十二支《じゅうにし》]
年配の粋な女性、または男性に似合いそうな鳥獣戯画に対して、これはいかにもかわいい文様。干支の十二の動物を土でこしらえ土産物屋などで売っているが、それを絵柄にして。それぞれの姿形がなんとも可愛い。羽二重地羽裏。

羽文《はねもん》

鳥の羽は清浄で汚塵に染まらないと考えて、茶道、香道、仏具の箒《ほうき》に使われ、きものの文様にも見られる。いちばん多いのは、吉兆の鳥、孔雀明王として仏を守るとされる孔雀の羽で、その華やかさからもうなずける。明治以降はことにアールヌーボーの影響から孔雀羽文は愛好され、染に、銘仙柄に、織り帯にと展開されている。

［羽］《はね》

龍村製で「玉の彩羽錦」と銘がある。何の鳥かはわからないが、美しく色づけされて、まさに彩羽である。意匠にもモダンさが感じられ、現代でも正装から茶席の場まで、幅広く用いることができる。

柳井鷹の羽

［孔雀羽に葉牡丹］《くじゃくはにはぼたん》

孔雀鳥に牡丹の組合せは婚礼衣裳や黒留袖によく見られる文様だが、ここに織り出されている花は様相が違う。昭和初期に広まった葉牡丹ではないか。これは丸帯で織だが、このままプリント柄にもいい。

［孔雀羽散らし］《くじゃくはちらし》

緞子地の丸帯一本を孔雀の羽で埋め尽くしており、ハート形の羽の斑は刺繍を加えてという手の込んだもの。こういう意匠は帯ならばこそ生きるもので、遠目には地味、よく見ると豪華なのだ。

風景・天象の文様

［縹色一越地楼閣山水文振袖］

［菫色一越地浜松文振袖］

［緋色一越地楼閣文振袖］

水辺文《みずべもん》

風景文のうちでも水辺の景色をとらえて意匠としたものには、川や浜の砂州を中心にした「州浜文《すはま》」、州浜や貝、波、千鳥などで海岸風景を表わした「海賦文《かいふ》」、浜辺の松を表わした「浜松文」などがある。海賦文には連続する波の合間に怪魚や亀が浮かんでいる意匠もあるが、きものにはあまり使われない。風景文様全般にいえることだが、一見すると単に景色を写しているようでも、隠れテーマとして故事来歴、謡曲や物語の一節を秘めていることも多く、それを読み解くのもきものを見る楽しみの一つといえる。

［葦刈《あしかり》］
葦に苫屋、波に漂う苫舟と潮汲み桶の侘しい浜辺の情景を型染している。左肩上を見ると、女ものの笠がある。葦売りに身を落とした夫をはるばる妻が訪ねてくるという、能の「葦刈」を背景にしたものではないか。紗地着物。

［雲取りに水辺《くもどりにみずべ》］
絞り染したように雲を表わし、水辺の風景と枝折り戸のある風景を刺繡で表現。江戸時代の武家女性の小袖意匠をもとにデザインされた、気品ある一越地帯。

網干文《あぼしもん》

漁師の投網《とあみ》が干してある姿。三角錐の頂点から大きく裾を開く形が美しく、陶磁器などには網干だけで意匠にしたものもある。きものでは水辺の風景の添景として配されたり、波や葦、水鳥、海松《みる》、貝などと組み合わせて意匠される。網目のリズミカルな線はシャープで、現代にもとり入れ、展開できる文様だ。

中輪に二つ網干に水

「網干に松」《あぼしにまつ》
唐松の老木に、網干の組合せ。繻子地に刺繍の帯だが、垂れ部分に葦がのぞいて、水辺の風景を意図したもの。渋い色合いが、大人の女性の趣味性を示す。

「網干に葦」《あぼしにあし》
上に比べて現代風な趣の網干で、現代でも様々に使える意匠。網干は江戸時代に文様として多用された。手描き友禅紋綸子地着物。

御所解き文《ごしょどきもん》

明確な定義も、定まった様式もないのに、なぜか現代の女性にも人気の文様が御所解き文様である。江戸中期から後期に、大名の奥方や御殿女中の衣服に御所解き文様という独特の意匠が用いられた。文様は山水の風景や花々、御殿などの家屋や枝折り戸などの風景だった。これが明治時代になって武士階級が崩壊し庶民が力を得てくると、町人の間でもこの優雅な文様を公然と身につけられるようになった。なぜ御所解きというのかは諸説あって、御所風の流れとか、その小袖を一度解いて仕立て直したからなどといわれる。しかし、いずれにしても御所とは関係のない文様であるのは明らかだ。

[御所解き文《ごしょどきもん》]
松楓橘桜の植物に、雲霞を背景として御所車、狩り烏帽子を配して、「源氏物語」をテーマにしているのか。文芸性を秘めているのが御所解き文の特質。型友禅紋綸子地帯。

[柴垣に秋草風景《しばがきにあきくさふうけい》]
これは織り丸帯で、渋い色調で老松や柴垣のある庭の景色を全面に配している。若い女性向きだけでなく中高年向きの落ち着いた御所解き文も見られる。

［御所解き文《ごしょどきもん》］

この着物が麻地で藍の濃淡染めであったら「茶屋辻」といえるほど、茶屋染の影響が感じられる文様。「御所解き」の名は明治初期につけられたといわれるが、和の暮しを見直そうという気風が再び生まれてきた現代に、再度評価されていい文様だろう。手描き友禅一越地着物。

遠山文《とおやまもん》

中国から伝わった山水画は、神仙思想に培われ実際に長江の光景を写したような峻厳な山々と急流の絵画であった。日本人もこれを写し、掛軸などに残っている。桃山時代からは次第に日本本来の山水の景色を写生するようになり、大和絵風のなだらかな山水が好まれるようになった。きものの文様においても、中国風の楼閣山水と、大和絵風のなだらかな山を背景にした風景文様の両様が見られる。険しい山に高殿を配した文様の119、121頁の振袖が前者である。遠山文は後者の表現法に見られるもので、遠近を意識して上に山を、下に麓の景色を配する文様が多く、近世以降好まれるようになった。

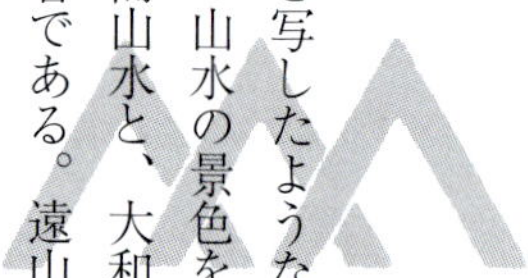

三つ違い山形

三宝院山の字

[遠山《とおやま》]
たなびく霞越しにのぞく峰々。この着物は肩部分に遠山を、裾に浜辺の景色を染め出して、全体で風景絵画のように構成している。胸元にも模様をもってきたい場合、また褄模様をすっきりと仕上げたい場合に参考にしたい手法。

[富士に雲《ふじにくも》]
頂高くなだらかに裾をひく雄大な富士の山は、春夏秋冬それぞれの姿で描かれ、きものにもとり入れられている。これは雲を従える富士山と若い松が伸びる麓を意匠化した、紗地に刺繍の帯。

春日山文《かすがやまもん》

なだらかな山に鹿、月に秋草か紅葉を配した意匠となれば、春日山文と見てとりたい。風景文様にはしばしば文芸性が秘められているが、この春日山文も、『古今和歌集』収録の壬生忠岑《みぶのただみね》の「山里は秋こそことにわびしけれ鹿の鳴くねに目をさましつつ」の歌を下敷きにしている。江戸時代、このような風景文様を身につけた宮中や大奥、大名家の女性たちは、それらの出典を知り、教養あることが誇りだったのだ。春日山は奈良・春日大社の背景ともなる山で、若草山、高円《たかまど》山とともに三笠山と呼ばれる。春日山文は室町期の「春日山蒔絵硯箱」の意匠が有名で、きものにこれをアレンジした文様も見られる。

［春日山文］《かすがやまもん》
非常に近代的な表現ながら、上方の月、山麓に遊ぶ鹿たち、秋草と、三要素を入れ込んだ春日山文。地紋のように織り出した柄にさらに刺繍をほどこし、絵柄を強調している。

［春日山文硯箱写し］《かすがやまもんすずりばこうつし》
これは判じ物のような意匠で、鹿に紅葉の文様を蒔絵した硯箱に紅葉を散らしたもの。蓋には光琳の文字が書かれ、光琳作の意図だろうが、今に残る彼の「春日山蒔絵硯箱」とは大違い、こんな実物があったのだろうか。楊柳地刺繍半襟。

名所旧跡文《めいしょきゅうせきもん》

茶屋辻や御所解き文が、架空の風景であったり、謡曲や物語、和歌にとり上げられた場所をテーマにして展開されたのに対し、江戸中期以後、名所といわれる実際の場所をテーマにした文様が現われた。それは参勤交代などで人の移動が多くなったこと、伊勢参りのように旅行ブームがわき起こったことなどによる。江戸中期以降出版が盛んになった「名所図絵」や広重の「東海道五拾三次」などの影響もある。細かな絵画風表現を可能にする友禅染の技法進歩もあっただろう。京名所、江戸名所、近江八景などが好んで文様の対象とされた。現代でも「五拾三次」にちなんだ文様などは、きものの粋な楽しみとして用いられている。

［東海道五拾三次《とうかいどうごじゅうさんつぎ》「大井川《おおいがわ》」］
広重を写したものではないが、富士、神社、川越えの情景などから、今の静岡県・島田大井川周辺をテーマにしたもの。橋は現在も木造橋として残る。洒脱な遊び心がうかがえる、繻子地に刺繍の帯。

［東海道五拾三次写し《とうかいどうごじゅうさんつぎうつし》］
浮世絵師広重作の「東海道五拾三次」は近代の友禅下絵師にとっては、格好の見本帳でもあったろう。これはその内の「桑名」をそのまま写し取り、雲形の中にはめ込んでいる。型友禅縮緬地着物。

［東海道五拾三次《とうかいどうごじゅうさんつぎ》］
起点の江戸城が見える日本橋を中心に、吉田、藤川、神奈川、蒲原と宿場の景色を特徴的に意匠し、帯一本を埋めている。毛槍をふる奴（やっこ）で東海道を行く大名行列の趣向なのだろう。遊び感覚の帯だが、宿場の絵柄は全て織によって表現し、技法の凝ったもの。

「名所《めいしょ》江戸《えど》百景《ひゃっけい》写《うつ》し」

どこの地方の景色かと調べると、広重の「名所江戸百景」のうち「鴻の台とね川風景」を写したものだった。現在の千葉県市川市国府台の公園からの眺めである。すっきりと色みは整理されているが模写であり、意匠として様々なものをとり込んだ時代の活力を感じる。川を上下する帆舟はいかにも夏に似合う。手描き友禅絽地帯。

近江八景文《おうみはっけいもん》

近江八景も名所旧跡文の一つ。前頁の東海道をテーマにした浮世絵写しが近代の流行りなのに対し、京名所図や近江八景文をきものにとり入れたのは江戸時代中期のことで、表現には古典的な趣があるが、現代でもとり入れやすい文様。ちなみに京名所なら清水寺、音羽の滝、八坂の塔、五条大橋など。明治時代の日本三景勝は富士山を仰ぐ地と、桜の吉野、紅葉の龍田川。きものに名勝をとり入れる趣向は、大正期になるとエッフェル塔のパリ、風車のオランダ、アルプスの山々にまでおよんでいる。

［近江八景文《おうみはっけいもん》］
近江八景は中国の瀟湘（しょうしょう）八景になぞらえて選んだ琵琶湖西南の景勝。比良の暮雪、石山の秋月、瀬田の夕照、三井の晩鐘、堅田の落雁、唐崎の夜雨、矢橋の帰帆、粟津の晴嵐の八景をいう。どこにどの景が配されているか、探してみては。綴織り地に刺繍の帯。

添景物

それ自体が意匠化されて固有の文様にもなるが、風景表現に欠かせない小道具としての器物・建造物がある。123頁の網干もその一つであり、125頁「御所解き文」の家屋や枝折り戸もあげられよう。また後に紹介する舟や橋、水車なども、単独での意匠ともなるが、風景の一要素として決まって配されることも多い。ここでは、その他として次の三つを紹介しておこう。

［蛇籠《じゃかご》］水の勢いを抑えるためこのように竹を編み、石などを詰めて水中に沈めたのが蛇籠。水とともに意匠され、川や水辺風景には欠かせない。これは絵画風な表現だが、93頁のように線だけで意匠化される場合も多い。手描き友禅絽地着物。

［鳴子《なるこ》］実った作物を鳥が横取りするのを防ぐために工夫したのが案山子（かかし）や鳴子で、風景文様のきものにも時に現われる。琳派の絵のように破れ地紙に描かれたこれは、柿の木と鳴子の秋の風景。風にカタカタ鳴って、秋の侘しさを伝える。

［籬《まがき》］目隠し、結界の目的で用いられる、柴や竹で目を荒く作った垣をいう。「籬に菊文」は由来がある文様であり、風景文には籬がしばしば配されている。これは京都・光悦寺独特の、竹を組み、上端を弧にした垣で、平安時代の籬とは少々違うが。絽地織り帯。

自然現象の文様

日本は春夏秋冬の四季の変化に富み、農耕を主としてきただけに季節の移ろいに添って暮しを成り立たせてきた。自然は抗うものではなくそこに摂理を見出し、美意識や思想を育てる教師であった。雲や霞の表情は移りゆく季節を知らせ、雨、風、雪は人々の歌ごころ絵ごころをかき立てた。文様においてもまさに多様な意匠が生まれ、きものにもとり入れられたのは、自然なことであった。ただ、この形があってないような自然現象をどのように意匠化したか。ことに雨や風、雷鳴のような定かに目にできない、表現しにくいものを。

［雨に稲妻《あめにいなずま》］
雨は時雨も豪雨も目には見えるが文様になりにくく、細い斜線で表現されるようになったのは江戸時代以降という。雷はぴかりと光る様を形象化して稲妻文と呼ばれる。一般のきものにはやはり少ない。

［風神雷神《ふうじんらいじん》］
稲妻にはもう一つ、太古の中国から続く「雷文(らいもん)」と呼ばれる流れがある。直線を鍵状に曲げた幾何学文で、回文とも呼ばれる。この雷文が変化し、卍くずしになり、きものでは紋綸子の地紋ともなっている。さてこの「風神雷神」は一枚の半襟の左右に刺繍されたもので、もちろん俵屋宗達の傑作の模倣。遊び心の半襟。

帆細輪に四つ稲妻

霞文《かすみもん》

春先や秋口など、湿度の高い時季、大気中の微細な水滴が日の光を受けて、遠くが霞んで見えることがある。環境汚染の問題がなかった時代には、今よりしばしば見られた現象だろう。これを霞と称して文様とした人々の繊細さはすばらしい。霞は絵巻物にもよく登場するが、時間の経過を示したり、隠す、暗示するなどの意図をもつ、日本独自の工夫である。雲とまぎらわしいが、霞には様々な意匠があり、単独の文様として、あるいは風景の一部として、また地紋のようにと、霞文を配する意図もそれぞれにある。

［エ霞《えがすみ》］
「霞たなびく」「霞にけむる」の言い方がある。それを、エの字のように表現した霞。霞を配する意図の一つに風景の遠近を出す役割があり、これも薄暗い空になびく朝霞の趣向であろう。

［霞取り《かすみどり》］
空間構成という意図からは、「雲取り」と同様、霞によって空間を区切ったり、霞の中を他の文様で埋める「霞取り」の手法がある。これは州浜を横にのばしたような霞形で、単調になりがちな模様構成に変化を持たせてもいる。147頁の着物の一部。

［春霞に笠松《はるがすみにかさまつ》］
霞の表現にはこのように細い線を並べただけで霞とわからせたり、刷毛ではいたような意匠があり、それだけで遠くかすむ感じが表わされる。春霞とはいっても季節性を超えて、巧みな空間構成をしてくれるのが、霞文である。

雲文《くももん》

雲の文様の種類は実に多く、また雲と鳥、雲と花、立涌のような幾何学文との組合せと様々である。雲文には、中国の神仙思想を受け継いだ瑞雲と、自然の一添景としての雲との、二種類がある。前者を日本では霊芝《れいし》雲と呼ぶ。霊芝とはサルノコシカケに似た茸で、薬でもあるが、この形に似た文様なのでつけられた名であろう。一方で平安時代、雲の自然な姿を写した横にたなびく形の雲文が現われる。瑞祥の意味はなく、むしろ画面構成の上で雲文が巧みに活用されたのは、『源氏物語絵巻』などに見られるとおりであり、この種の雲文を俗に「源氏雲」と呼ぶ。

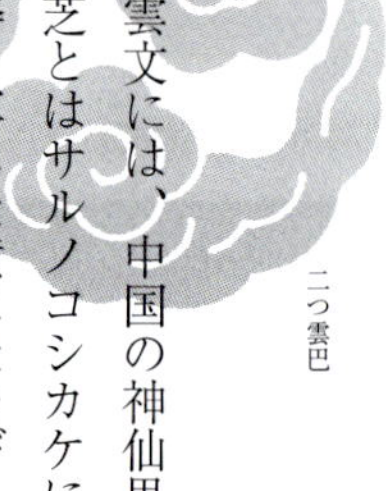

二つ雲巴

［飛雲《ひうん》］

雲単独の形でいえば一文字雲、渦巻雲、流雲などがあり、これは風に吹かれて飛ぶ雲の意匠だが、五色に彩色してあることもあり、瑞雲と解することもできる。正装の場にもかなう文様。丸帯。

［雲間の花《くもまのはな》］

雲間に梅、松を配している。雲が空間を埋める役割を果たすことがよくわかる。鬼縮緬地婚礼打掛。

雲取り《くもどり》

［源氏雲］《げんじぐも》横に伸びた形の雲を配するのには、霞取りと似た意味がある。まずは空間に雲を置くことで間延びせず、リズム感が生まれる。ここでは派手やかな幕を一部隠して奥行きを持たせている。もちろん絵柄にめりはりをつける意味もある。手描き友禅紋綸子地着物。

［雲取り］《くもどり》雲取りの中に松竹梅や飛鶴を描き込むことは、江戸時代にも多く見られた。雲に限らず「丸」や「松皮菱」などにも同様の例が見られる。右と同じ着物。

［雲取り］《くもどり》雲を重ねて空間を区切り意図する文様を配する手法で、色紙取りや地紙取りと同じく、そこに好みの文様を入れることが可能。これは128頁の「東海道五拾三次写し」と同じ着尺の文様。

［源氏雲］《げんじぐも》『源氏物語絵巻』を見ると、物語の推移の間に無地の雲形が配されている場合が多い。これは時間の推移や場面の転換を示しているのだ。これを源氏雲といい、多くの場合、源氏物語にちなんだ情景が描かれている。今も振袖や留袖の模様づけに見られる。

日月文《じつげつもん》

天空に見られるのは、太陽(日輪)、月そして数々の星。太陽はエネルギーの源であり、信仰の対象であり、力の表象であるのは世界共通である。日本での日輪文は円で表現して陣羽織や漁師の祝い着には見られるが、女性のきものには用いられない。それに対し、太陽を陽とすれば陰である月は、風景のモチーフとして意匠化され女性に愛されてきた。月の光の慎ましさ、満ち欠けによる侘しさが、心情にぴたりと添うのであろう。満ち欠けは三日月、半月、望月(満月)、さらに朧《おぼろ》月にまで様々な意匠を導き、兎、鹿、秋草、波などとの組合せは、秋の季節感の表象として定番の文様となっている。月は秋(単衣)こそ……。

[月に秋草《つきにあきくさ》]

薄、葛の葉ごしにのぞむ満月。薄に月の組合せは「武蔵野図」とも言われ、吉野の桜図と同様、名所図でもある。江戸郊外の武蔵野は茫々の原であり、月の名所であったと同時に、文芸的主題をも連想させる場所。手描き友禅絽縮緬地着物。

三つ寄せ月星

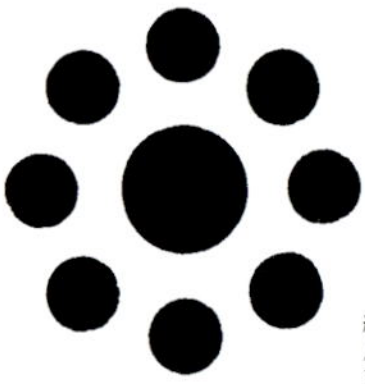

細川九曜

波文《なみもん》

時に波文と流水文の区分けは確としないが、リズミカルに静かに流れる水と、寄せては返し一瞬の波形を見せる躍動的な波は、ともに古くから意匠化され、きものの文様でも一般的である。さざ波、荒波、沖の白波と、動きのある波の様子ははじめ風景文様の一部だった。波を強調し、とり出して意匠化するようになったのは桃山時代。激しく涌き立つ波の「立波文」がダイナミックな文様として愛好されるようになった。幾何学的な割付文様である「青海波」は古くシルクロード西方地域にも見られた文様だが、「青海波」の名がついたのはずっと後のこと。青海波以外、水や波を主テーマにした文様は、やはり夏のきものに似合う。

[岩に立波]《いわにたつなみ》
岩に寄せ、激しく砕ける波を描いたもの。荒波、波頭とも言う。引く波を女波とし、満ちるときは立波ばかり寄せてくるので男波、また『万葉集』の山部赤人の歌にならって「片男波（かたおなみ）」とも称する。絽地染め帯。

[松にさざ波]《まつにさざなみ》
海辺の松越しにさざ波が見え、穏やかな海だ。「海賦文（かいふもん）」とも呼ばれ、海辺の風景を定型的に意匠したもの。さざ波を「へ」の字を連ねたように表現する手法は、正倉院御物にすら見られる伝統的なもの。

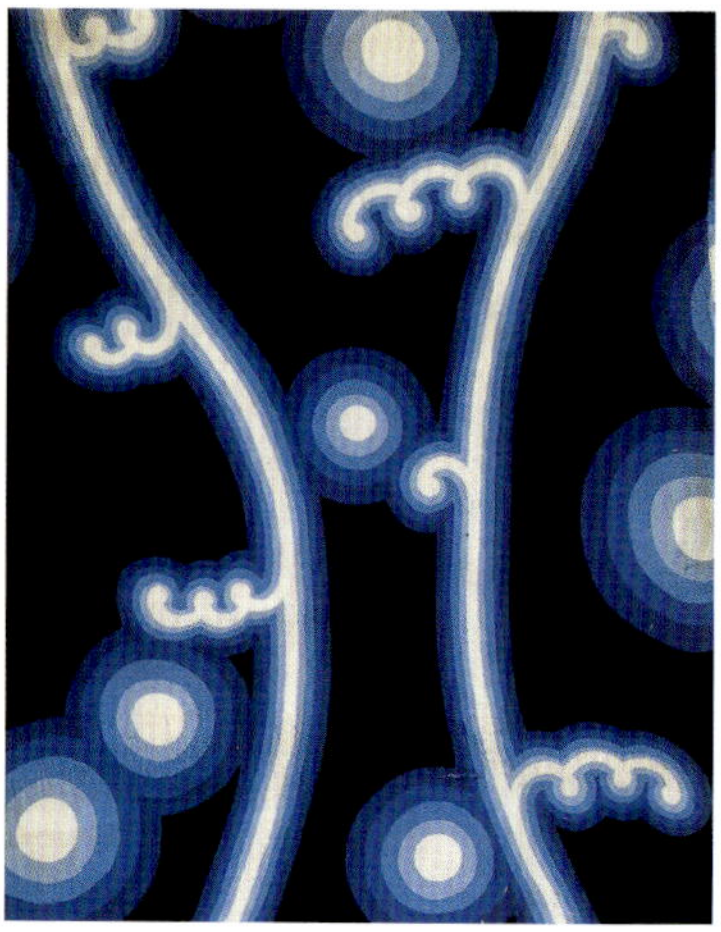

［波立涌《なみたてわく》］

有職の幾何学文「立涌」に波頭を添えてリズミカルに図案化している。藍の濃淡で表わされた水玉は波が砕けて飛び散る意図で、シンプルな水玉は「水玉文」として今も愛好される。長襦袢に用いられた型染だが、浴衣柄として帯柄として、現代にぴったり。

［波に貝《なみにかい》］

浜辺の波の文様を見てほしい。この渦巻状の水の表現は「光琳水（波）」と呼ばれるもので、光琳の「紅白梅図屏風」に描かれている流水のアレンジ。光琳は「水の画家」とも言われ、光琳水は洗練された水の意匠だ。型友禅縮緬地単衣着物。

［立波に千鳥《たつなみにちどり》］

波に千鳥は千鳥文でも紹介したが、一種定番の組合せである。激しく襲う立波と可憐な千鳥の意匠は、色づかいの美しさもあって華麗。型友禅絽地着物。

［波に海松貝《なみにみるがい》］

右と同じ着物に絵羽づけされている文様で、浜辺の潮が引いていくと、貝や海藻が顔を出す。波に貝もしばしば見られる組合せである。

青海波文《せいがいはもん》

［青海波《せいがいは》］
同心の半円を連ねた青海波。この名は本来、舞楽の「青海波」の装束に表わされた文様に起源をもつ。江戸時代には青海水とも呼ばれている。江戸中期には工芸の全般に広く用いられるようになった。織り帯。

［立波青海波《たつなみせいがいは》］
リズミカルな波形の青海波に波頭を規則的に加えた文様。青海波文は「四海波静か」の言葉があるように、めでたい文様として季節に関わりなく身につけることができる。丸帯。

［菊青海波《きくせいがいは》］
江戸時代には青海波を様様に変化させた文様がきものなどに見られるようになる。菊青海波もその一つであるが、ここにあげた文様は近代のもので、波の間に菊の花弁をのぞかせて、全体では青海波を構成する趣向。縮緬地刺繍半襟。

［鹿の子青海波《かのこせいがいは》］
青海波の外側の円弧を鹿の子絞のように見せかけて刺繍した半襟。もちろん絞り染で表現したものも鹿の子青海波という。それでも幾何学的な文様の端正さはにじみ出る。

流水文《りゅうすいもん》

水をモチーフにした文様は古くから見られ、流水文の出現はその中でも最も古い可能性がある。流水文銅鐸はその一例である。時代は下って江戸時代には御所解き文様に、流水文でつないで一つの架空の風景を描き出したものが見られ、また「龍田川」「六玉川」など、物語や歌にとり上げられた川にちなんだ文様も現われる。流水文の特徴は植物や動物と組み合わせたものが多いことで、その組合せで文様の背景となっている文学テーマが読みとれた。現代になるとさすがに文学性は薄くなるが、動植物を配したものが多いのは変わらない。

［流水に蝶《りゅうすいにちょう》］
江戸時代の小袖や振袖には肩から裾一杯に流水を配し、杜若などの植物、燕などの動物を組み合わせた大胆な構成が見られる。これは昭和初期の着物だが、流水文は大胆な模様取りが似合うのは今も同じ。流水に蝶を配する文様は珍しい。型染。

［観世水に桜《かんぜみずにさくら》］
流水文としてよく知られているのは、光琳水とこの観世水。能の観世宗家の定文となっている文様だが、能装束に限らず、きものや他の工芸にも見られる。ここでは水に桜が散った情景を暗示。手描き友禅錦紗地着物。

［渦文に桜《うずもんにさくら》］
渦文は幾何学文でもあるが、水、流水の表現に用いられることが多い。またこの渦文からは立波が上がっている。岸辺で渦を作るほど急な流れに桜花が散りそそぐ、右や右下と同じ意図なのだろう。型染一越地着物。

［流水に桜吹雪《りゅうすいにさくらふぶき》］
素直に図案化した流水に、桜吹雪。花弁は連なって流れていき、やがて筏のようにかたまっていく。「花筏」はこのような情景から生まれた文様。この流水文様なら、白生地の地紋にもふさわしい。型染羽二重布地。

［渦文に燕《うずもんにつばめ》］
上の文様よりさらに図案化した、まさに渦巻。これも水の表現で、水に燕は定番となっている夏の文様。しかし渦巻といい、赤と黒の色の組合せといい、なかなかにモダン。夏お召地着物。

［波に笹舟《なみにささぶね》］

この頁では水の様々な意匠表現と、組み合わせているモチーフの多様さを見ていただこう。細いなだらかな曲線で表現されたさざ波に、浮かぶ笹舟。笹舟は笹を折り、細工して作る小舟の玩具。これを流して競い遊んだ。楊柳地刺繡半襟。

［流水に花《りゅうすいにはな》］

いろいろな植物を配して、それを流水でつなぐ意匠は、江戸時代から見られる文様構成。小さな半襟の面構成であっても、この画面から流水を除くと、いかに間が抜けるかがわかる。その意味では雲や霞と同じような役割を果たしてくれる。

［流水に葦と金魚《りゅうすいにあしときんぎょ》］

曲線で表わした流水、水辺の葦の間を魚が泳ぐ。川には金魚はいないなどと言うなかれ。優しく華やかな半襟にするにはやはり赤い金魚でなければ。絽縮緬地に刺繡。

［流水に花鴛鴦《りゅうすいにはなおしどり》］

水に泳ぐ鴛鴦たちに、百合、撫子などの小花をびっしりと刺繡した、豪華な半襟。鴛鴦は吉祥の鳥でもあるので、晴れの場でつけるものだったろう。これも楊柳地だが、これら流水の半襟は全て、単衣の時季用。

［観世水］《かんぜみず》

縮緬の裂。上方には船首に鳳凰をかかげた楽船（がくせん）、雲の下には御簾がのぞき見えてと、吉祥の意味を持つ王朝ゆかりの器物が配されているから、振袖の一部だったのだろう。菊、桜、紅葉、松の合間にのぞくのは観世水。能楽の観世宗家が定式文様とした水文だが、現代にも通じる優れたデザイン性を感じさせる。

雪文《ゆきもん》 雪輪文《ゆきわもん》

純白で定かな形のない雪が文様となるのは、近世になってから。雪は何かに託して表現するしかなく、雪の降り積もった情景を意匠化することに始まった。情景を絵画的に表わした「雪景文」、そこから植物のみとり出した「雪持ち文」。ただし現存品では、雪持ち文が見られるのは桃山時代、雪景文は江戸時代である。江戸初期になると雪持ちの雪が独立した「雪輪文」が現われ、これは円の表面に数か所の凹凸を表わしたもので、次第に様式化されて、現代に見るような凹凸を極端に強調した図案となった。そして雪の結晶を図示した『雪華図説』が発刊された江戸後期には、これをもとに「雪華文」が愛好されることとなった。

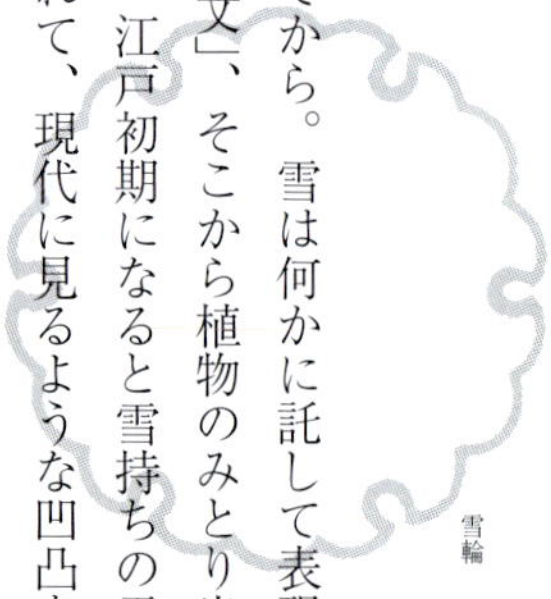

雪輪

［雪持ち笹《ゆきもちざさ》］

雪景色の一部だが、笹の部分は雪持ちとなる。雪持ち笹はさらに様式化された図案もあり、植物は笹のほかに葦、柳などが雪をかぶった姿で意匠される。黒地を背景に降る雪の表現も近代では見られ、蒔き糊の手法で降る雪だけを染めたものも現代に合う。

［大小霰《だいしょうあられ》］

小さな丸だけで降る霰を意匠する霰小紋は、江戸小紋の代表的な柄でもある。丸に大小をつけたのが大小霰文。これは絵羽づけした着物ゆえ裾のほうが霰も大きくなっており、遠近感を出している。型染一越地着物。

［雪だるま《ゆきだるま》］

大正期にはスキーをする少女を描いた帯、現代ではサンタクロースの絵柄まで現われているから、雪だるまも驚くに当たらない。半襟にも雪だるまを刺繍し、季節を遊んだものもある。ただしこの着物は経絽（たてろ）の単衣で、暑い季節に冬の景色を着て涼を演出する。

［雪華《せっか》］

江戸時代後期に出現した雪華文。これは微細に顕微鏡をのぞいたような雪の結晶だが、六角形を基本とする雪華文の特徴がよくわかる。絽地の織り帯で、夏に締めるもの。夏に雪輪、雪華文は現代でも一つのお洒落だ。

［雪輪と雪華《ゆきわとせっか》］

雪輪と雪華の違いが明快にわかる。雪持ちの雪から生まれた雪輪、雪の結晶を意匠化した雪華。図案化されても一目で雪と理解できるというのも、現代に生き残った理由か。塩瀬地に刺繡の帯。

［雪輪に菊《ゆきわにきく》］

誇張された雪輪文はやがて、中に花文様を入れたり、大胆に画面を区切る役割を果たすようになる。季節性のみでなく、図案の一つとしても扱われるわけだ。

［雪輪に花丸《ゆきわにはなまる》］

冬から新春の花の椿と春蘭を絵画風に描いて花丸とし、その陰に雪輪を配して季節感を表わしている、ユニークな文様である。型染一越地着物。

文芸の文様、器物の文様

［紅梅色縮緬地草花器物文着物］

物語絵《ものがたりえ》

さりげない風景文様にしても、人物や器物を配した文様にしても、その背後に中国、そして日本伝統の文芸テーマをなぞった意図が隠されていることが多い。ことに江戸時代の武家や富裕な町人の女性たちは、自らの教養をふまえてそれらの文様を身につけた。古くは中国の漢詩であり、和国風が根づいてからは万葉に始まり古今、新古今の和歌に詠われたテーマであった。また室町時代からの能・謡曲の主題は武家女性にとって必ず学ぶべき教養であり、文様意匠にも表現されて現代にまで続いている。文芸を基調にした文様で目立つのは『伊勢物語』、そしてわが国最高の物語といわれる『源氏物語』の各帖をなぞらえたものだ。

[源氏物語絵「紅葉賀」]《げんじものがたりえ「もみじのが」》
源氏物語は古くから絵巻が遺され、物語の場面展開が明白なこともあって、文様化しやすい。とくに女性のきものには王朝文化の雅はとり入れやすく、近代でも黒留袖に振袖にと用いられる。これは源氏の父帝行幸の場の栄華。

[源氏物語絵「明石」]《げんじものがたりえ「あかし」》
父帝に守られた源氏の君の栄華は一転し、須磨に流される。その後、都に戻る源氏が明石の君に箏（そう）の琴を聴かせてと乞う場面。友禅染一越地着物。

［源氏物語絵《げんじものがたりえ》「花宴《はなのえん》」］王朝を主題にした人物風景文でも、源氏物語にちなむものは、「源氏雲」と呼ばれる雲取りの合間に物語場面が展開するとともに、しばしば「源氏香」が配されている。源氏香は香道の組香で、五つの香のうち同じものを当てる、その覚えが五本の線のつなぎ方で表現され、源氏物語の各帖の名が当てられている。上の源氏香は「紅葉賀」に続く「花宴」を示す。

源氏香文《げんじこうもん》

［源氏香《げんじこう》］
源氏香五十二種は、本来は香道の記号であるが、その形の独創性から、工芸の各分野で文様として用いられるようになった。幾何学的な形象でありながら、古典文芸を背景にして雅な趣がある。絽刺した源氏香を切りばめ（アップリケ）した帯。

［源氏香に桐《げんじこうにきり》］
源氏香には桐が配されることが多い。桐は皇室、帝の象徴であり、宮中を舞台とする源氏物語にふさわしいからだ。さらにこの文様には文字が散らされ、「梅枝」「手習」の帖から引いた文章なのだろう。文芸性の高い意匠。

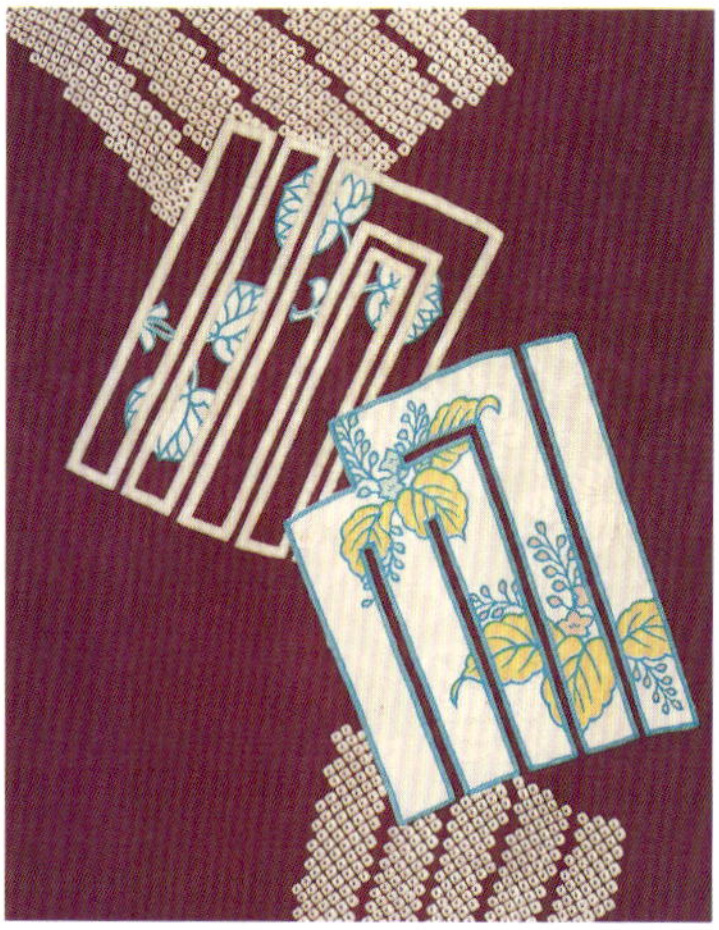

［源氏香《げんじこう》］
源氏香は線（棒）がつながっているものが同じ香であることを示す。白地に桐文の源氏香でいえば、二番目に出された香と四番目が同じ、三番目と最後が同じで、これは「初音」と呼ばれる。

［源氏香の石畳《げんじこうのいしだたみ》］
四角の源氏香を石畳状に配して染め、さらに貝合せと菊、楓などの植物を染と刺繍で表わした、王朝感覚の文様。このように源氏香は幾何学文的な地紋から、文芸文として物語の暗示にまで、幅広く用いることができる。

文字文《もじもん》

平安時代中期に「かな文字」が生まれると、風景文様の中に和歌や物語にちなんだ文字を書き入れる意匠が現われた。配されたかな文字が葦の葉がなびいているように見えることから「葦手」と呼ばれた。鎌倉時代以降すたれたが、歌の意図や物語を背景にした文様は様々に工夫され多様化していった。やがて文字自体の面白さから、漢字を大きく配した文様や、「かな」を散らし書きした意匠が現われる。風景や植物、器物とともに表わされていても、それなりの意図が込められており、ことに江戸時代の町人文化は「判じもの」として趣向を競ったりもした。かなを散らし書きした文様は現代でも粋な意匠として用いられている。

［文字散らし］《もじちらし》

「春の夜の」「うめのはな」「あやなし」などの散らし書き。和歌一首を散らしたものであろう。歌や物語をふまえた文字文は、その内容によって着る季節や場を配慮するとよい。繻子地に刺繍帯。

［判じ絵］《はんじえ》

江戸時代、町人文化が成熟してくると、文様に遊び心が加わり、「判じ絵」「悟り絵」が面白がられた。山に雪輪で雪をかぶった富士を意匠し、出、見、田などの漢字を配して、「田子の浦にうち出て見れば…」の山部赤人の歌の趣向。

芸能文《げいのうもん》

婦女子の芸能好きは昔も今も変わらない。江戸文化の隆盛は歌舞伎見物をブームにし、役者の紋や衣裳から数々の文様が流行した。芸能にちなんだ風景、器物、人物も意匠化されるようになった。江戸以前から、日本の芸能の基盤にあったのは舞楽・能楽である。公家、武家にとっては欠かせない教養の対象でもあった。江戸時代の武家女性の風景文様に能の一場面が展開されているものも見られる。その目で見ると、きものの意匠にも奥深いものがある。現代でも、能や芝居の演目にちなんだ意匠を身につけるのは、きものの楽しみの一つといえよう。

［歌舞伎絵《かぶきえ》］御所人形に擬してはいるが、人物は下から弁慶、常陸坊、静御前。紋綸子地に友禅染の着物の袖部分なので、ほかにもいろいろな登場人物が描かれているはず。多分、歌舞伎「義経千本桜」にちなんだ意匠だろう。

［歌舞伎十八番《かぶきじゅうはちばん》］格子状に区切った中に、役者絵が丸く染められている。「助六」「勧進帳」「暫（しばらく）」…江戸歌舞伎の宗家、市川団十郎が家の芸と定めた「十八番」の主人公ばかりではないか。塩瀬地に型染の帯。

能《のう》「道成寺《どうじょうじ》」

左と同じ一本の綴織丸帯に、謡本を散らし、能の演目数種にちなんだ冠り物、扇、楽器などを配して、何の演目かを解らせる趣向。これは「道成寺」の前シテがかぶる烏帽子。絵画風な文様と綴織の豪華さは、なかなかに格調高い。

能《のう》「羽衣《はごろも》」

有名な三保の松原の天女伝説をもとにした「羽衣」。鳳凰など、ほかの冠をつける場合もあるようだが、これは和風化され、それゆえ天女にふさわしい鶴の冠り物。そして守り袋と舞扇。下絵作家はよほど熱心に能を見ていたのだろう。

能《のう》「楊貴妃《ようきひ》」

龍村平蔵作で「千代の冠錦」と銘があるが、能「楊貴妃」でシテ方がかぶる冠。蓬莱宮にある楊貴妃は鳳凰天冠を頂き、現世を超えた美を象徴する。この中国風で豪奢な冠をそのまま写して織った意匠は見事。

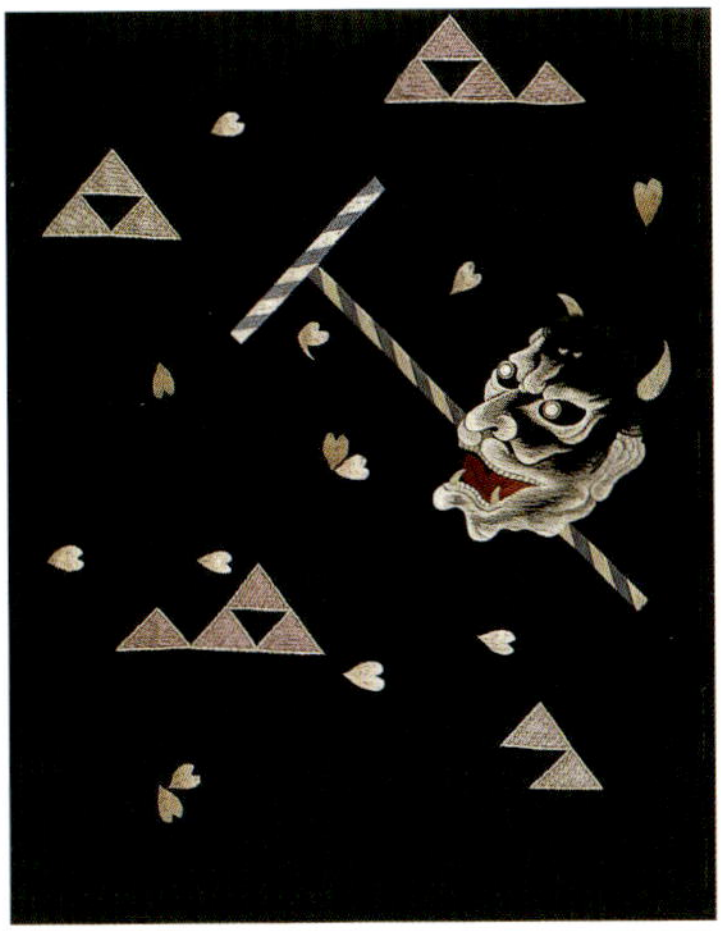

能《のう》「道成寺《どうじょうじ》」

「道成寺」の後半、鐘に入った白拍子が鬼面をつけ装束を変えて現われる。装束は蛇体を象徴する鱗文である。桜満開の道成寺が舞台となるところから花吹雪とともに、これだけで「道成寺」を意匠したものとわかる。

人物文《じんぶつもん》

現代では具象的な人物を表わしたきものは、ほとんど身につけないかもしれない。唐子《からこ》や御所人形は今も愛好されているが、生身の人物の姿は、風景文様の黒留袖の一要素として見られるくらいだ。しかし、江戸時代には七福神、寒山拾得、『伊勢物語』の在原業平、舟を引く漁師、田植え女、踊る人々などがきものにも登場している。人物文の多くは、浮世絵や風俗画、絵巻などから写したものも多く、断りなく写すことのできない現代と違って、かなり自由勝手だったようだ。

［恵比寿大黒宝尽し《えびすだいこくたからづくし》］
恵比寿様も大黒様も七福神のうち。ともに財福をさずける商売繁盛の神として今も信仰されている。景気よい二神をユーモラスに描き、さらに宝物を散らした「宝尽し」と、これはめでたい吉祥の文様。

［布袋和尚《ほていおしょう》］
七福神の一つ。太って腹をつき出し、布の大袋を携えている。江戸時代には七福神が流行り、正月の宝舟や暦に描かれ、各地にできた七福神社巡りも行われた。したがってきものとしては正月が似合う。縮緬地刺繡半襟。

［賀茂競馬《かものくらべうま》］

祇園祭と並ぶ京の夏の大祭礼が賀茂競馬。「洛中洛外図屏風」などにもよく描かれている光景だ。これは、賀茂競馬図屏風の一部を手本として頂き、アレンジして帯に刺繡で表わしたもの。織で表わした格子は屏風の金箔地を意図したものか。

［女人風俗《にょにんふうぞく》］

市女笠をかぶり桜の下を行く女性たち。花見風景か、これだけ細かな表現は、浮世絵か風俗画の何かを写したものだろう。手描きの帯。

［奴の雀踊り《やっこのすずめおどり》］

雀が飛びはねる格好をしながら身振り面白く踊る雀踊りは、こんな奴姿で踊られ、本来は豊年を祈るものだったが、江戸時代には歌舞伎にもとり入れられた。型友禅紋綸子地着物。

［大名行列《だいみょうぎょうれつ》］

これは何とも意表をつく奇抜な構図である。縮緬地に刺繡の半襟だが、参勤交代の大名行列を、毛槍と供侍を俯瞰、真上からの視点で表現している。どんな意図でこんな図柄を創造したのか。

唐子文《からこもん》

中国風の衣裳を着て、頭頂や左右を残して剃り落とした中国髪の童子が唐子。日本では家族繁栄の象徴として意匠のモチーフにしてきた。日本に唐子文が入ってきたのは意外に古く、正倉院に最古の唐子文が遺されている。江戸時代にことに好まれ、中国の風俗をモチーフにしながら日本で消化された文様といえる。「唐子遊び」といって遊んでいる姿をとらえたものが多い。一方、御所人形はきものの文様にとり入れられたのは比較的新しく、明治になってからとされる。現代では唐子、御所人形ともに帯や褄模様の図柄に、なかなか人気がある。

［唐子遊び《からこあそび》］
唐子が遊んでいる情景を描いていると見えるが、よく眺めれば行列風景もあり、唐子に託して中国の生活習慣、暮しの情景を展開しているようだ。しかし唐子ゆえに愛らしく、こんな羽裏をつけた女性はさぞうれしかったろう。

［唐子遊び《からこあそび》］
唐子たちが太鼓や横笛ではやしたて、遊んでいる図。黒留袖の褄に手描き友禅で表わされているもので、吉祥文様と解される。

御所人形文《ごしょにんぎょうもん》

［御所人形《ごしょにんぎょう》］
御所人形は本来、宮中や公家の祝事や贈答に用いられた男児の人形で、頭大きく、白い肌の裸形で子供のあどけなさを表わす。次第に腹掛けや烏帽子をつけたり、現代では姫人形も現われた。これは鯛や鶴の玩具を抱えた男児と姫を、刺繍した帯。

［宝舟と童子《たからぶねとどうじ》］
御所人形はその初期を除き、次第に子供に大人の格好をさせるようになった。宝尽しを乗せた宝舟は正月などの縁起物として飾られ、描かれてきたが、舟を公達姿の童子に曳かせる姿で、めでたさを増している。手描き友禅塩瀬地留袖。

［御所人形《ごしょにんぎょう》］
唐子文に唐子が遊んでいる姿が多いのをまねて、腹掛け姿の御所人形も遊んでいる情景をとらえた文様が多くなる。御所人形だけにその玩具も公家や大名家の子供用。上と下は同じ繻子地の帯に刺繍されたもの。上は鯛車と、下は春駒、鳩笛と遊ばせている。正月に、また端午の節句に向けて締めるとふさわしい。

糸巻文《いとまきもん》

器物の文様は古くは祈りや呪いのシンボルとして遺されているものが多いが、近世以降は、美の表現の一つとして器物が配されるようになった。衣食住の用具、什器、調度などの道具は生活のかたちが進歩するにつれて変化し、また好みの変化もある。たとえば桃山時代は短くても文化隆盛の時期で、豪華な器物がとり込まれ、その一方、南蛮趣味や茶道の侘寂の境地も見られる。江戸も中期になると町人文化は経済力もあって華やかなものとなり、生活の器物も巧緻なものが増え、それをきものの意匠にもとり込んだ。近世以降盛んになった器物文のうち、現代にも受け継がれてきたものを紹介する。まずは女性に身近な器物から。

[苧環《おだまき》]
糸巻は種類がいくつかあって、目的によっても違うが、いずれも戦前までは女性にとって身近なものだった。この糸車は、織物などの〝かせ糸〟を枠に巻き取るもので、苧環という。歌舞伎「妹背山女庭訓」でお三輪が手にしているのが、これ。生活用具を美しく意匠化している。

[糸巻《いとまき》]
上の帯の前帯部分に刺繡されているもので、こちらは縫い糸を巻き、整理しておく糸巻。糸を繰るのも縫うのも女性の大事な仕事だったことから、帯の前後ろに対で配したのだろう。ふくれ織に刺繡。

[糸車《いとぐるま》]
苧環と同じ用途だが、こちらは棒が左右に伸びているから、台枠にのせて回したものか。この布は大正時代のメリンス地型染。鹿の子麻の葉を手綱状に染めて動きを持たせている。

枠糸巻

折鶴文《おりづるもん》

［折鶴《おりづる》］四角の紙を折り上げた折鶴は、日本の優れた工芸デザインだろう。古くは貴重品だった紙を折ることとは、儀礼と祈りの象徴だった。折鶴は生活の道具ではないが、折ることに心を込め、またその姿も完璧に美しい。きものの文様としても古くから用いられた。

［千羽鶴《せんばづる》］折鶴は一羽で意匠されることは少なく、右やこのように大小を散らして全面に配し、女児の七五三の祝着に用いられることが多かった。羽裏の絵柄としても代表的なもの。

［折鶴《おりづる》］つがいの折鶴が向き合った形。上もそうだが、紙鶴の部分を彩色したり花などの文様を加えたりすることが多い。型染縮緬地羽織。

［折鶴《おりづる》］折鶴を鶴文と考える説もあるようだ。風景の中に折鶴がいるなど、折鶴で鶴を暗示する表現も見られる。これは下の折鶴に若松が表わされており、ことに祝いの意味を込めた鶴の意匠だろう。塩瀬地に刺繡の帯。

笠・傘文《かさもん》

カサは字も違うように、かぶる笠と、柄のついたかざす傘に分けられ、笠は古くから用いられ、傘も奈良時代から使われている。雨や日差しから守る目的はもちろんだが、面を隠す意味もあった。ともに生活に密着したものだけに、種類も多く、笠は市女笠《いちめがさ》、菅笠、塗笠、編笠、三度笠、祭りのときの花笠等々。傘は蛇の目、番傘など。文様としては、笠は「旅」を象徴するものとして風景文様などにも登場し、紋章ともなっている。一方傘は、形の面白さから江戸時代には盛んに文様にとり入れられた。

［柳に傘《やなぎにかさ》］
なびく柳に傘で、雨の趣向だろう。絽地に染めたものゆえ、六月、七月の着物。傘は開いたとき、閉じたときの柄の出方に変化があって、町人は工夫して楽しんだものだ。

［蛇の目傘《じゃのめがさ》］
広げたときに太い輪(蛇の目)が現われる、女性の好んだ傘。歌舞伎の「助六」ではこの傘を差して登場する。縦縞を雨に見立てたこの一越地単衣は、粋な女性が着たのだろう。

［市女笠《いちめがさ》］
市で物売り女がかぶったのが始まりだが、平安時代からは貴婦人たちの外出用となり、江戸時代まで長く使われた。布をたらす場合もある。女性の旅の表現として文芸文様に象徴的に配されることもある。繻子地に刺繍の帯。

糸輪に傘

団扇文《うちわもん》

糸輪に団扇

三つ団扇

［団扇］《うちわ》

檜扇、扇子に比べて庶民的な感じの団扇だが、中国から伝来したのは奈良朝と古い。紋章にも面白く意匠されたものが遺る。しかしきものの文様として人気を得たのは江戸時代以降である。

［団扇と虫籠］《うちわとむしかご》

夏のきものには団扇の文様が多い。もちろんこれも夏衣裳に表わされたもので、虫籠とともに意匠されることも多かった。団扇は女郎花（おみなえし）の図。染に刺繍の塩瀬地帯。

［団扇に楓］《うちわにかえで》

団扇文の面白さは紙面に様々な夏の風物が描かれていること。上の団扇には蝙蝠が、これは水を主題にした二面が、そのまま夏衣裳の文様のように配されている。紋紗地着物。

［軍配団扇］《ぐんばいうちわ》

この団扇は戦の場で兵を指揮する団扇で、現在では相撲の行司団扇。露芝文の軍配団扇と枝垂柳を組み合わせて、紗地の着物に染めた、夏らしい風情。

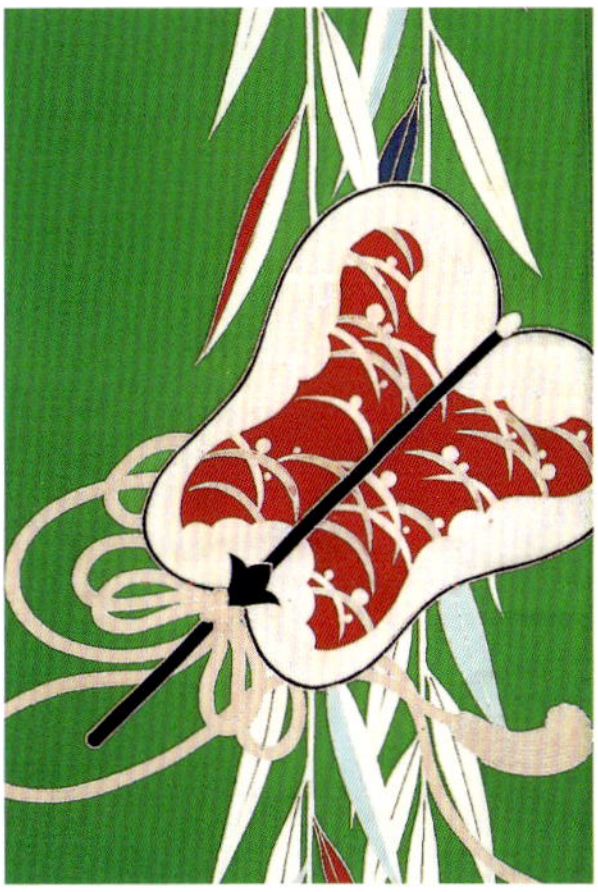

［団扇］《うちわ》

現代でも趣味的なきもの、くだけた場に団扇文の人気は高い。注文主が自由に文様を遊べるからだ。これは、団扇の杜若の葉にカマキリがじゃれている。絽地刺繍帯。

鈴文《すずもん》 玩具文《がんぐもん》

鈴文は本来、楽器文の内に入る。古来は土、その後は金属で作られた鈴は、その音によって魔除けとなり、やがて神事や祭祀に用いられ、後には神事に関わりなく楽器として涼やかな音を楽しみ、利用した。きものの文様としての鈴はさらに、丸い形状の可愛らしさと、幼児や犬猫の所在を音で示す用途から、子供のきものに用いられることが多くなっている。幼児や娘たちの玩具や手すさび物を意匠した文様も同様で、例外はあるが幼児から娘たちの表着、そして成人女性なら長襦袢や羽織の裏に隠して楽しんだ。

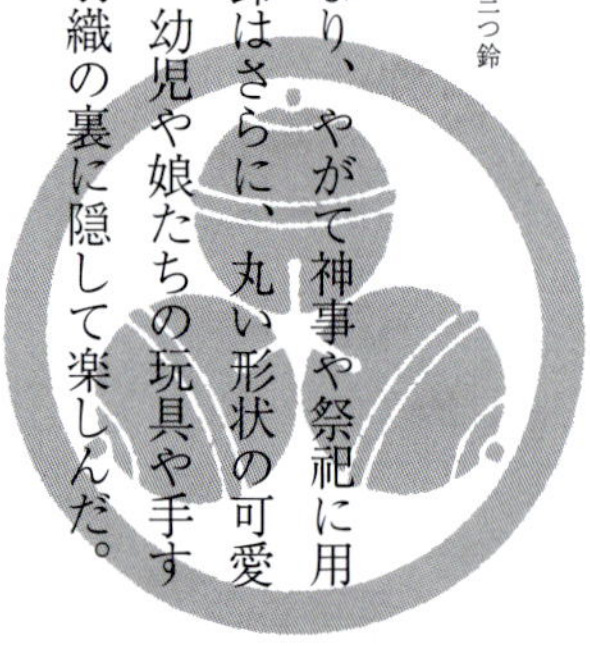

中輪に三つ鈴

[鈴散らし]《すずちらし》

卍繋ぎの紋綸子地にたくさんの鈴が色糸でつながれて総模様となっている。布地で残っているものだが、ごく若い娘の着物だったか。鈴の一つ一つに染め分けられた文様の丁寧さが、表着ならではの印象を深くする。

[二つ鈴]《ふたつすず》

大名縞に織り出した繻子地に二つ結んだ鈴を刺繍した帯。先に述べたように、娘のきもの以外の鈴文というのは、現代ではこのように帯にとか、褄模様にひっそりというのが洒落ている。

［玩具尽し《がんぐづくし》］
色糸でかがられた手毬と、鳩笛、横笛、独楽（こま）、雪うさぎ。七宝や丁字の宝物もほの見えて、にぎやかに玩具尽し。

［玩具尽し《がんぐづくし》］
糸巻にだるま、犬張り子、鳩車、独楽、豆太鼓。右の文様とともに、庶民的な玩具の可愛らしさをありったけ寄せ集めた絵柄。羽二重地に型染され、これだけにぎやかな文様ならやはり羽織裏だったろう。

［手毬尽し《てまりづくし》］
綿を芯にして糸を巻きつけ、色糸で美しくかがった手毬は、幼女の玩具であり、その見事な美しさから部屋の飾り物にされ、現在でも細工物として伝わっている。工夫創造した糸かがりを示すような、手毬の総模様。

［玩具尽し《がんぐづくし》］
白と紺の横段に、独楽、犬張り子、的矢（まとや）、春駒、火消し纒（まとい）、鯛車、豆太鼓などの男児の玩具を散らした文様。七五三に着せて、男児の元気を祈ったのだろうか。絵画風の表現が実物を彷彿させる。

楽器文《がっきもん》

楽を奏で舞を舞うのは、世界各地で行われる人間本来の欲求。日本でも平安朝の舞楽から近世の能、近代の長唄小唄まで各種の歌舞音曲が楽しまれ、楽器の種類も数々ある。しかしきものの意匠としてとり上げられている楽器は、圧倒的に王朝期のものだ。江戸時代そして明治になってある種のあこがれの象徴として、かたち面白く優雅な古典楽器が文様になったようだ。『源氏物語』をテーマにした文芸文様にも度々登場しており、たとえば148頁上の楽船に載せられているのは大太鼓であり、火焔太鼓。舞楽に用いられるものだ。

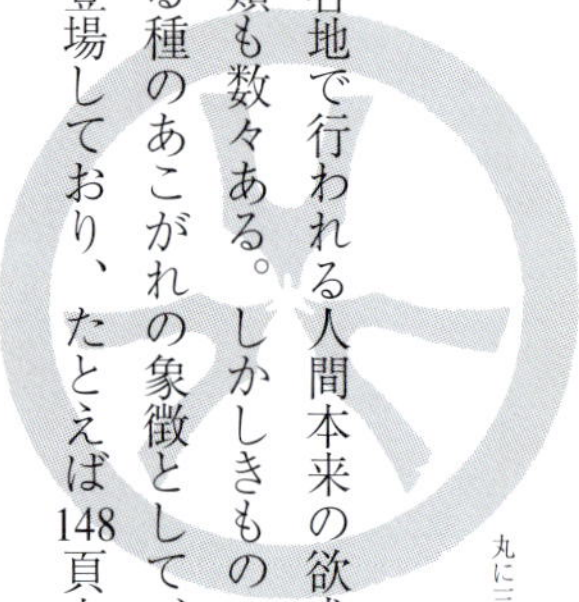

丸に三つ琴柱

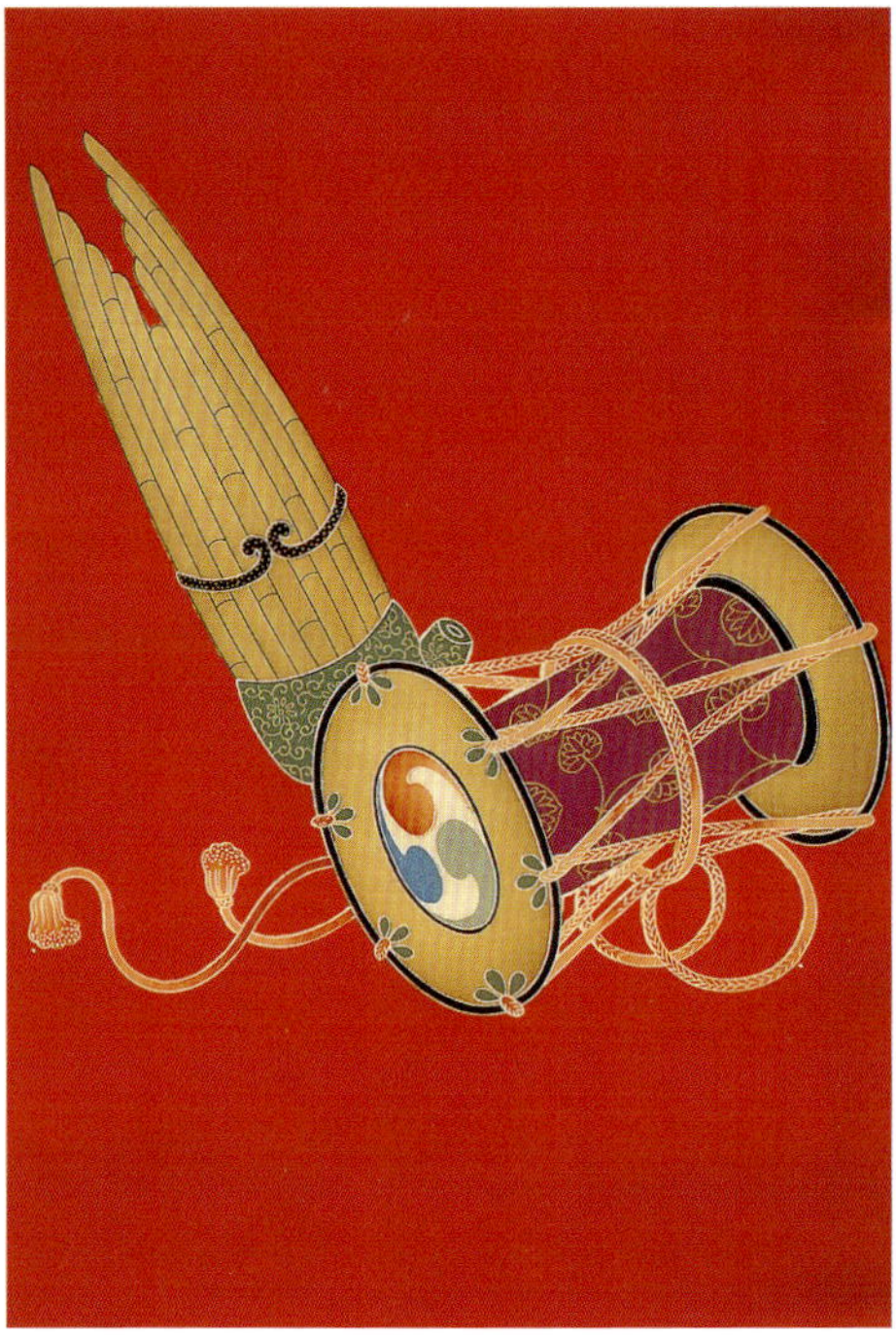

[鼓と笙《つづみとしょう》]
大鼓と小鼓があるが、鼓は代表的な日本楽器。能から各種のお囃子にまで使われる。笙は雅楽の吹奏楽器として最近また脚光を浴びてきたから、ご存じだろう。下の楽器とともに一本の帯に手描き友禅で表わされている。

[琵琶、羯鼓、横笛《びわ、かっこ、よこぶえ》]
琵琶は果物のビワに形が似ているところからついた名。平家物語を語るには欠かせない。羯鼓はばちで打って鳴らす楽器で、台に乗せ、あるいは胸元につるして演ずる。袋からのぞいているのは横笛で、これもおなじみ。

［鈴太鼓《すずだいこ》］
有職文の「小葵」地の上に配されているのは装飾された鈴太鼓。うち振り、体に当ててにぎやかな音を奏する。「京鹿子娘道成寺」など歌舞伎舞踊でも使われる。織り帯。

［神楽鈴《かぐらすず》］
神前で奏する舞楽で使われる鈴。鈴がたくさんついて一つの楽器となっており、「すずなり」の意味の縁起からだろうか、正月飾りとしても使われる。織り帯に刺繡。

［花鼓《はなつづみ》］
これはかなり凝った意匠で、下にあるのは鼓の胴。この両面に皮の面を張るのだが、それが上方の花丸となっている。梅竹の丸の中には面の内側を意味する丸が意匠されているのだ。手描き友禅紋綸子地着物。

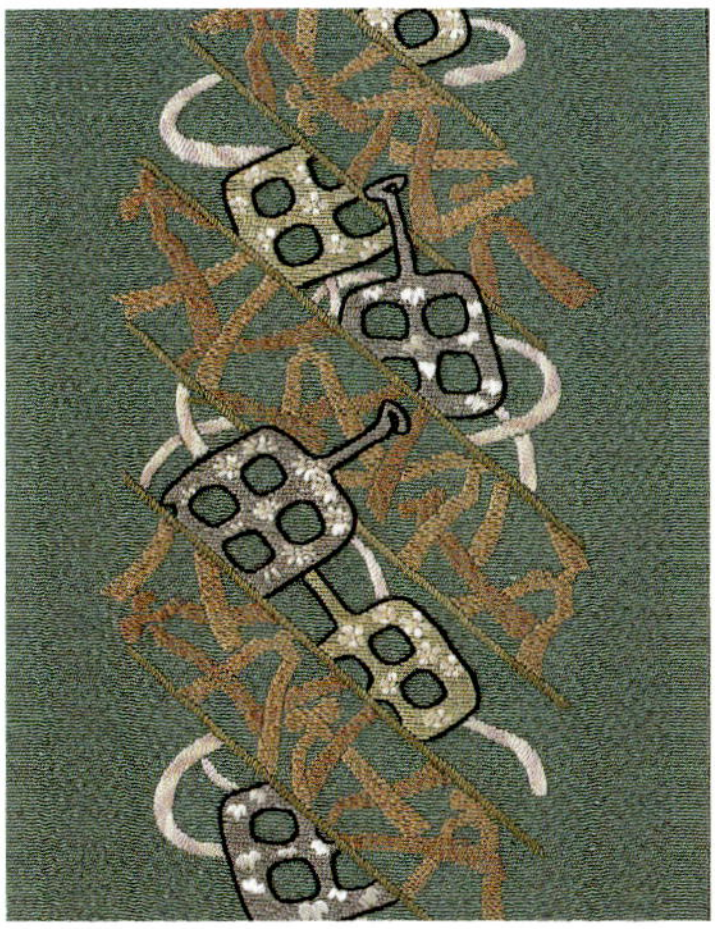

［琴柱に轡《ことじにくつわ》］
茶色の糸で表わされているのは、琴の弦を支えている調子を調える柱。象牙で作られた独特の形で、一本の琴柱だけでも文様にされる。もう一種は馬の口にあてがう轡。武家の女性と男性のたしなみに関わる器物を組み合わせて。縮緬地刺繡半襟。

几帳文《きちょうもん》 鏡文《かがみもん》

平安貴族の暮しに、几帳や御簾《みす》などの調度品、鏡や手箱などの化粧道具、遊び道具の貝合せなどは欠かせないものだった。それぞれに美を求め、贅を尽くした。几帳は二本の柱に横木を渡して帳《とばり》をたらし、部屋の仕切りとし、目隠しとしたもの。柱には漆や螺《ら》鈿《でん》の細工、帳は季節によって生地が変わり、「朽木文様」などが染められた。銅面を磨いて映す鏡の裏面も、凝った文様が彫られていた。これらの王朝時代を連想させる器物は、江戸時代になって吉祥の意味を持つモチーフとして大いに好まれてきた。

［几帳《きちょう》］
几帳は『源氏物語』などの物語絵に配されたり、草花と組み合わせて優雅な動きのある意匠とされている。王朝を連想させるモチーフゆえ吉祥文とされ、現代でも振袖や留袖の文様に用いられる。二面の几帳の合間を南天、梅、笹で埋めつくした刺繡半襟。

［鏡《かがみ》］
紐がついた側が鏡の裏。使用しないときは伏せておくか覆いがしてある。実際の鏡裏も各種文様が意匠されていたが、鏡文の特徴も工夫を凝らして豪華に装飾されていること。これは鏡裏も飾り紐の立体感も見事。織にさらに刺繡をほどこしてある帯。

［鏡と鼓胴《かがみとこどう》］
銅鏡の裏と、鼓の胴体、それに鼓の緒を組み合わせた、王朝感覚の文様。鏡裏には雲龍文を配し、鼓胴には梅、菊、竹文と吉祥性を添え、格調高く仕上げている。白金地に刺繡の帯。

貝合せ文《かいあわせもん》

［業平菱に貝合せ］《なりひらびしにかいあわせ》けっして他の貝とは嚙み合わない二枚貝ゆえ、ゲームにも使え、男女の永遠の契りを象徴するものとして文様にもとり入れられてきた。平安時代は各種の貝の面白さを競ったが、鎌倉時代になるとふっくらとした蛤に定着。縮緬地刺繡半襟。

［貝合せに貝桶］《かいあわせにかいおけ》貝合せ用の貝を入れておくのが貝桶で、これも金蒔絵や手彩色の見事なものが遺されている。貝桶を表わした打掛や振袖は多く、桶の文様意匠の面白さが見所だ。これは錦紗地の染め帯で、格式ばらずに締めたもの。

［貝合せ］《かいあわせ》貝合せの遊びは、歌合せや絵合せの、現代でいえばトランプの「神経衰弱」であろう。貝の内側に目印となる絵が美しく精緻に描かれ、きものの貝合せ文もそれを受けて、殻内の意匠に工夫を凝らしている。波に貝の絵柄も、吉祥性ゆえ季節を問わない。刺繡帯。

［壺垂れに貝合せ］《つぼだれにかいあわせ》貝の内を源氏車に波、槌車に撫子、鉄線と、実際の貝合せのように細かに刺繡し、地染の文様は「壺垂れ文」といって、茶壺などの壺の側面に釉薬が垂れ下がった風情を写したもの。紗地帯。

御所車文《ごしょぐるまもん》

平安時代、貴族たちが外出時に用いたのが、牛にひかせる御所車（牛車《ぎっしゃ》）。位によって種類は様々違うが、美しく飾られていた。この御所車を文様としたものが御所車文。またその車輪のみの文様を「源氏車」と呼ぶ。『源氏物語』で葵上と六條御息所の車争いの話があるように、御所車は「源氏の世界」を象徴するものでもあったからだ。乗物としての御所車は鎌倉時代以降、輿に変わっていったが、文様としては文芸意匠の一要素として大いにとり入れられ、江戸時代から明治へと続いてきた。現代でも古典感覚の風景文様の中に、あるいは他の器物と組み合わせて源氏の世界を意図するなどして礼装用のきものに見られる。

［御所車《ごしょぐるま》］
御所車文は多く風景の中に置かれているが、人や牛が描かれることはない。この御所車がやがて車輪と柄の部分だけに省略されたり、花籠を載せた「花車文」へと発展した。塩瀬地に染と刺繍の帯。

［御所車に桜藤《ごしょぐるまにさくらふじ》］
桜と藤の大きな花房の陰にたたずむ御所車。ここでも車輪が強調され、後にこの車輪のみを源氏車と呼ぶ。鹿の子絞に刺繍半襟。

片輪車文《かたわぐるまもん》 源氏車文《げんじぐるまもん》

御所車の木造の大きな車輪は、乾燥を防ぐために流水の中に浸しておかれた。この情景を文様にしたのが片輪車文で、景色から始まりながら見事に意匠化され、リズミカルな水の動きと面白い車輪の形が様々に組み合わせられている。この片輪車文が平安後期に現われて以降、車輪だけをとり出した意匠も多く見られ、流水文や青海波と組み合わせて片輪車文に見立てたり、車輪の造形の面白さと、どこまでも回転する縁起のよさから車輪だけを意匠して源氏車にもなった。

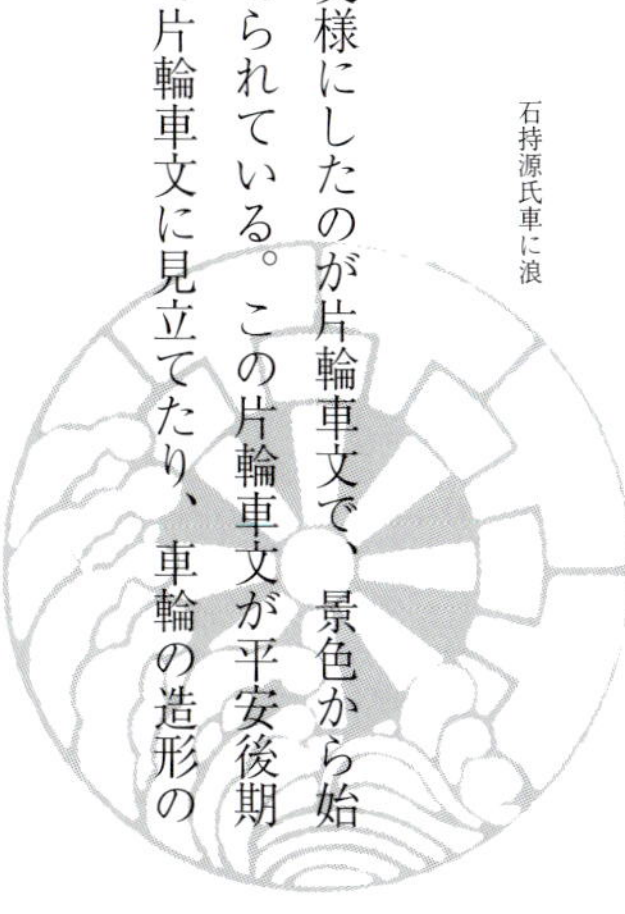

石持源氏車に浪

［片輪車《かたわぐるま》］
青海波の水の間に半分のぞく車輪という、片輪車文の定番の一つ。平安時代の風習が意匠化され、能装束や一般のきものにも用いられ、現代にまで伝わっていることを大事にしたい。綿紗地の単衣着物。

［源氏車に葵橘《げんじぐるまにあおいたちばな》］
御所車の車輪だけをとり出し、意匠した例。どこまでも回転する車と吉祥の橘、それに葵を配して、吉祥性を持たせたのであろう。型友禅紋綸子地着物。

色紙文《しきしもん》

色紙や短冊、冊子は、それ自体が美しい料紙に絵や歌がかかれた完結した作品だが、これをきものの文様の中に配するという、画中画のような面白い意匠が江戸時代には見られる。貴族的な色紙だけでなくやがて近代では、百人一首や絵合せなどのカルタと、紙面の絵柄の面白さをとり入れたきものも見られる。色紙文はまた172頁の地紙文と同様に、空間構成に効果的に使われる。正方形や扇面形を配することで緊張感を生じ、ワンポイント風に文様を置くこともできるし、地の文様とは異質の文様を置いても違和感なく見られる。日本人得意の「約束事」の空間づくりである。

［色紙《しきし》］
地柄の上に色紙形を重ね置いて、その面に別々の文様づけをしている。華やかさを増したいとの意図であろう。色紙の中に何を描こうと勝手というのが、色紙文、色紙取りの面白さ。織に刺繡を加えた帯。

［百人一首カルタ《ひゃくにんいっしゅカルタ》］
これは四角く色紙のように見えるが、絵札と字札を配して、小倉百人一首カルタの意図。枝垂桜に小野小町の「花のいろはうつりにけりな…」で、一種の文芸文様ともいえようか。縮緬地手描き友禅羽織。

［浮世絵めくり《うきよえめくり》］
江戸時代に盛んだったカルタのうちに、めくりカルタがあった。これは名所図をカルタにして、次はどの場所かを当てていく。その「めくり」が、縁は色焼け破れた風情。着物だが粋筋が着たのだろうか。

冊子文《さっしもん》

［冊子と巻子］《さっしとかんす》
和紙を綴じた書本が冊子。和紙を長くつなぎ合わせて巻物にしたのが巻子。右に見えるのが巻子、舞楽の鳥兜の下にあるのが冊子で『源氏物語』か。王朝の表現であろう。表紙の凝った趣向、和綴じの端正な美しさがよくわかる。織り帯。

［冊子］《さっし》
江戸時代、木版による出版物が庶民の間にも渡るようになり、それが浮世絵とともに草紙、双紙ともいわれる出版文化に発展し、モチーフとしてきものの文様にもとり入れられるようになった。冊子の紙面自体が独立した文様の見本帳のようだ。紋紗地に刺繡の帯。

［絵巻物］《えまきもの》
地柄は有職文の「八つ藤」ゆえ、王朝時代の物語絵巻を意匠して散らしたのであろう。本物を見るような、実に細やかな染め方だ。塩瀬地帯。

［冊子］《さっし》
冊子の形自体を見せるとともに、表紙や中の頁に自由に文様を意匠することで、視覚的効果が得られ、さらにこのように見開きの文様を展開して意匠する面白さもある。絽地に刺繡の帯。

地紙文《じがみもん》

扇面の骨部分を除いた、紙の部分を地紙という。この紙に絵や文字をかいて扇に仕立てる。この地紙自体もなかなか風情あるもので、屏風に張ったり軸装して観賞される。地紙文はこの地紙を意匠化したもので、扇形の画面を作って地の文様から区別したり、中に草花などを描いて散らしたり、あるいは地紙そのものが張られているような絵画的な意匠も見られる。いずれにしても色紙文と同様、文様構成にリズムをつけ華やかさを添えるので、現代のきものでもよく用いられている。

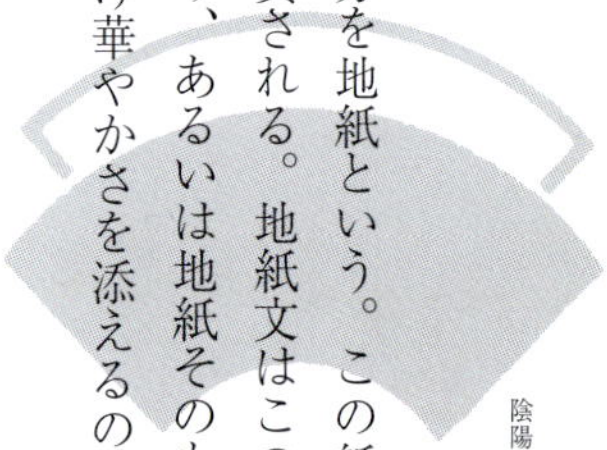

陰陽重ね地紙

［地紙取り］《じがみどり》

地紙二枚を重ねたように区切り、中にそれぞれの文様が描かれている。下は雲に牡丹、水仙などの植物、上は雲に御所車の源氏物語調。地紙にはやはり王朝風の文様が似合う。変り織り地に刺繍の帯。

［破れ地紙］《やぶれじがみ》

地紙が古びて縁に破れが入った様を破れ地紙という。古い扇から取りはずし、骨跡が破れている意匠で、中の絵柄が貴重なものであると暗示し、侘びた風情をかもし出す。型友禅羽二重地帯。

扇文《おうぎもん》

扇のことを「末広」と呼ぶように、末広がりの形は発展、繁栄の吉祥として、工芸の多々に意匠され、今も愛好される文様である。すでに平安時代前期には存在していた檜扇《ひおうぎ》に対して、平安後期には蝙蝠《かわほり》という紙を張った扇が現われた。煽いで涼をとる実用目的とともに、檜扇の役目を受けついで儀礼用にも用いられてきた。舞扇から茶席用扇子まで、現代生活にも生きている。文様としての扇は、開いてよし閉じてよし、半分閉じても面白いところに特徴があって、扇の要を中心に三面を広げ合わせれば円になる。それゆえ紋章にも様々に意匠されている。地紙の面にも華麗な文様をつけ、植物などを扇の形に意匠する例も見られる。

［扇面《せんめん》］きものにおける扇の文様は、同じ形の扇を一面に散らした「扇散らし」、開いたもの閉じたもの様々を散らした「扇尽し」、流水と組み合わせた「扇流し」など多々。これは着物全体に開いた扇を散らして、それぞれの地紙の意匠を見所とする意図。代表的な扇面文である。

［梅松扇《うめまつおうぎ》］一種幾何文風に見えるが、よく見ると、折り本のように並べられた松の葉と梅の花は地紙、松の幹と梅の枝は骨に見立てられて、扇の形に擬してある。遊び心とともに梅と松、扇面を重ねてめでたさを意図する。縮緬地刺繡半襟。

［花扇《はなおうぎ》］竹、菊、桜の枝をまとめて、扇状に形づくった意匠。娘の華やぎを引き立てる、絽地に刺繡の帯。

五つ重ね末広

丸に並び扇

誰が袖文《たがそでもん》

『源氏物語』にも香にまつわる話が数々出てくるように、平安時代には男女とも衣に香を薫きしめ、その芳香が教養であり魅力のもとであった。やがて匂い袋を懐中するようになり、その形も『古今和歌集』の「色よりも香こそあわれとおもほゆれ　たが袖ふれしやどの梅ぞも」から袖の形となり、この匂い袋を誰が袖という。もう一つ、桃山時代から華麗な小袖を衣桁にかけた図を描いた屏風が作られ、これは「誰が袖屏風」と呼ばれた。小袖が観賞物となったのだ。そして江戸・元禄時代の富裕な町人たちは、花見に着るだけでなく細綱に何枚もかけて衣裳自慢をする風潮さえ現われた。

［誰が袖］《たがそで》
誰が袖形の匂い袋をそのまま帯に写した。誰が袖は二つの袖形を紐でつなげ、懐から両袖に落として香りを楽しんだ。現代ならポットプーリイだが、この誰が袖も今も作られ使われ、ゆかしいものだ。絽刺し帯。

［誰が袖］《たがそで》
着物をかけておく調度が衣桁。その衣桁に小袖がかかっている情景で、この情景を屏風絵にしたのが「誰が袖屏風」。この文様の見所は小袖を実物のように細かく華麗に表現してあること。手描き友禅着物。

［小袖幕《こそでまく》］
江戸文化爛熟期の富裕町人たちの花見情景をかいま見るような文様。満開の桜楓を配し、裾には小袖幕。小袖幕は木に綱を渡して小袖をかけ、その陰で宴を張る。着物の中に着物がある趣向の意匠。手描き友禅一越地着物だが、振袖の袖を留めたのだろう。

季節の事物

四季の移り変わりを暮しに受け止め、季節の行事や約束事を大事にしてきた日本人だから、それにまつわる器物も近代ことにきものの文様にとり入れるようになってきた。正月飾りに始まり、ここでは紹介できなかったが雛人形や立雛、七夕飾り…。そんな季節性の強い意匠のいくつかを紹介する。もちろん身につけられる時季はごく限定されるが、それでも女性のお洒落心は限りがない。

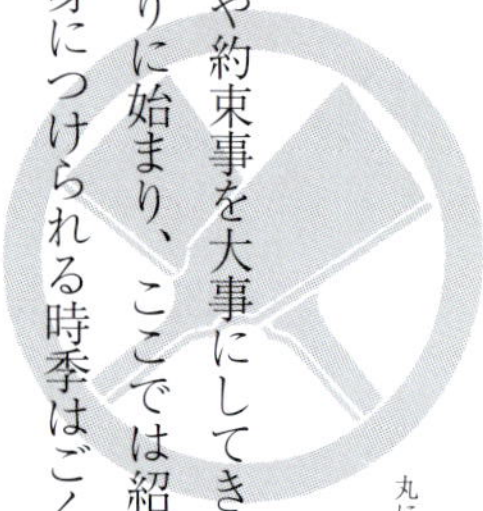

丸に違い羽子板

［七夕］《たなばた》
牽牛星と織女星は七月七日の一夜だけ会えるという中国伝説は、日本の宮中では乞巧奠（きこうでん）となり、庶民の間では七夕祭りとして、現在に続いている。裁縫や習字の上達を願い、笹に短冊の飾りと、願いの象徴の器物尽しで。絽縮緬地型染め帯。

［虫籠］《むしかご》
明治、大正時代から昭和初期の着物や帯には、虫籠の意匠が多く見られる。籠自体の形も面白く、ことに秋草を添えて夏の衣裳の文様としては代表的なものだったのだろう。異なる形の虫籠を横段に並べた紗地織り帯。

［提灯《ちょうちん》］
割竹に紙を張ったおなじみの提灯だが、形は様々。照明具として一年中使われても、きものの意匠として登場するのは夏の衣裳がほとんどで、趣味的なものに多い。露芝文との組合せ。

［虫籠《むしかご》］
右と同じ露芝に、こちらは虫籠を描いている。王朝風な雅な虫籠を配するだけで文様としての格が上がるのは、提灯との格の差だろう。紋紗地着物。

［虫籠に秋草《むしかごにあきくさ》］
夏の終りを告げる虫の鳴く音をめでる風趣は平安朝のころから行われ、虫籠も巧緻に工夫した。虫籠の文様はその多様な形の面白さを見所にしたものが多い。萩、桔梗、撫子の秋草と。紗袋地刺繡帯。

［虫籠《むしかご》］
萩、桔梗、薄の秋草に、まるで実物を置いたように描写された虫籠。鈴虫、松虫も遊んでいる。調度品や什器の文様は、古き時代の暮しを知るうえでも参考になる。絽地染め帯。

［羽子板《はごいた》］
正月の遊戯、追い羽根は室町時代に貴族間で行われ、以後江戸の庶民層にまで広まっている。羽子板は実用遊具としてではなく、源氏絵や左義長図などの王朝振りから、瑞祥のものとして扱われている。

［追い羽根《おいばね》］
追い羽根（羽根つき）の羽根で、ムクロジの実に鳥の羽を組み合わせたもの。これは右の羽子板と対になるように訪問着に染められている。正月の衣裳に単独、追い羽根だけの意匠も面白い。

馬具《ばぐ》　武具《ぶぐ》

平安時代、農民層の中にも戦を専らにする役目が生じ、数々の乱を経て武家集団が形成されるようになると、戦の服装や武具が大きな意味を持つようになる。その後の戦国時代まで、武将たちは鎧兜、鎧下着、陣羽織の意匠に凝って新しい文様も形づくられ、旗指物から紋章意匠も生まれた。しかしそれらから女性のきものへの影響があったかというと、それは極めて少ない。馬具や武具が文様にとり入れられたのは江戸時代になってから、武家の子供の衣服にのみであり、しかも種類は限られている。

［鎧威し《よろいおどし》］
大鎧の、袖や腿部を覆う部分は戦闘のため強固に、そして己の存在を誇示するため華麗に作られた。革などを染めて細紐状にしてつなぎ、その姿を見れば誰と見分けられるほど個性を有し、まさに「おどし」であった。これはその威しの華麗さを再現したいとの意図のもと、錦で織られた帯。龍村平蔵作。

違い矢

轡

［印籠］いんろう《いんろう》

古くは印や印肉を入れる用具だったが、江戸時代には携帯の薬箱となり、さらには男の地位、お洒落の象徴ともなって、蒔絵など優れた細工を競った。業平菱の地紋に華麗な印籠を織り出した帯。

［鐙］《あぶみ》

馬上で足を掛ける馬具。単独でも文様として用いられ、『伊勢物語』十三段に「武蔵鐙さすがにかけて頼むには…」のくだりがあるのにちなんで意匠されることもある。武蔵の国は鐙の産地だった。

［矢羽根］《やばね》

弓で射る矢は尚武の象徴であるが、形の面白さからも文様としてよく用いられてきた。これは戦の矢というよりも桐、龍、菊唐草と吉祥をとり集め、破魔矢（魔を払う）の趣向であろう。地は菊菱を織り出した帯。

［轡］《くつわ》

馬の口にかませる金具。杏葉轡、十字轡、鏡轡などがあり、紋章にも轡紋はかなりある。これは角十字轡。丸に十字も轡紋。きものの文様としては洒落着に見かける。

槌車文《つちぐるまもん》

水車文《みずぐるまもん》

川の水を汲み上げて田に流したり、水の力を動力として用いる水車は、戦前まで見られた光景。水車は奈良時代にもう伝来したという。車の中心から出た輻《や》に板をつけたもの、柄杓状の桶で汲むものがあったが、形の面白さから平安時代にはや文様としてとり上げられた。きものの文様としては桶をつけた柄杓車が多かったが、江戸時代初期になると桶を形の似た小槌に置きかえ、これは槌車と呼ばれ、紋章にも数種がある。宝尽しの打出の小槌になぞらえて、縁起のよいものとして現代でも水と組み合わせ、あるいは風景の一部として用いられている。

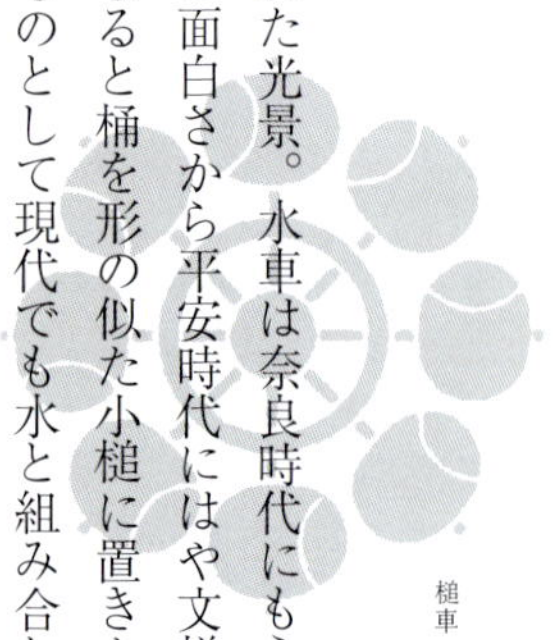

槌車

[槌車に波]《つちぐるまになみ》

水車、槌車ともに水を受け、あるいはこれを変形させたものゆえ、文様でも水や波との組合せがほとんど。これは柄の先端がとび出た小槌状で、装飾した槌車と躍動的な波を簡潔にとらえた意匠。変り織に刺繍の帯。

[流水に槌車]《りゅうすいにつちぐるま》

雲の合間にのぞくのは流水に槌車。こちらは槌車と短い輻との二重になっている。松菊桜蔦の王朝風な表現とともに、水車も古くから用いられていたことがわかる。型友禅裂地。

［柳橋水車《りゅうきょうすいしゃ》］

桃山時代に柳に橋、それに水車を配した屏風絵があり、以降「柳橋水車」図という一つのパターンとして続いている。これは蛇籠も添え、風景を写したように見えても古典の文様。柄杓形の水車が二基、杭にかけ並べられてくるくる動く。変り絽地に刺繍の帯。

橋文《はしもん》 舟文《ふなもん》

橋を文様にして有名なのは、『伊勢物語』八橋の段をモチーフにしたもので、光琳の「八橋図屏風」「八橋蒔絵硯箱」ほか様々な作者が工芸意匠としており、きものでもこれにちなんだものが多い。一方、舟文のほうは、日本が四方海の国だけあって上代から舟を使用。文様としても古くから、そして時代とともに種類も変化して多様な舟がとり上げられてきた。「源氏物語絵」など王朝の「龍頭《りゅうとう》鷁首《げきしゅ》」の楽の舟、帆かけ舟、屋形舟、南蛮船などなど、風景の中あるいは単独でも意匠され、豪華であったり侘びていたりとそれぞれの風情を表現する。

[舟橋《ふなばし》]
土木技術が進むまでは、水量が増した時には引き上げられるよう川越え手段を工夫した。小舟をつないで伝っていく、あるいはこの文様のように舟を並べて筏をかぶせる。美しく装飾してあっても、苦労が伝わる舟橋文。絽地刺繡帯。

[流水に苫舟《りゅうすいにとまぶね》]
160頁下と同じ裂地にあるもので、こちらは苫舟。茅などを編んで雨風をしのぐ屋根をつけた小舟。苫屋も同様にして屋根をふいた家屋で、ともに簡素な水辺風景などにモチーフとされる。

［南蛮船《なんばんせん》］
安土桃山の時代には長崎にポルトガル、スペインの俗に紅毛人と呼ばれた外国人が盛んに渡来し貿易を行った。彼等の姿態も持ち来たる物資も珍しく、南蛮図として人物をはじめ様々なものが意匠化された。これは彼等の大きな船。織の丸帯。

［南蛮船《なんばんせん》］
大海を渡って来るのだから、南蛮船は構造も大きさも和船とは違う。この独特な船は長く文様として陶磁器などに絵付けされ、きものにも伝わる。南蛮というのはそれまでの唐人に対する西欧人全体の呼称だった。絽地に刺繡の帯。

［花舟《はなふね》］
苫舟に四季の草花を載せた文様をいうが、これは薄、女郎花、菊の秋草を配しているので、秋草舟といおうか。苫舟はよく葦と組み合わせられて侘びた趣を表わし、秋草とならば涼しい水辺の夏の意匠となる。手描き友禅紋紗地着物。

［板橋《いたばし》］
水中に杭を打ち、板をかけただけの簡素な橋。小川にもかかるが、庭の池の風物としても配される。水辺風景文単衣着物の一部。

帆

檜扇文《ひおうぎもん》

檜扇は蝙蝠《かわほり》扇の前段にあったもので、平安前期に日本が創作した。ヒノキの薄板を糸でつないで扇状にし、男子用は文様なし、女子用には胡粉や金銀で華麗な文様を描いたものを儀礼として手にした。鎌倉時代には五色の糸を長く垂らし、衵《あこめ》扇と呼ばれた。宮中では今もなお十二単の装束、それに準ずる礼装の場合は必ず手にし、雛人形もその形を写す。檜扇は形が優美なこと、扇面の絵の美しさから、王朝趣味の文様として長く用いられ、明治以降も根強い人気を得ている。末広がりの吉祥性ゆえ季節は問わない。

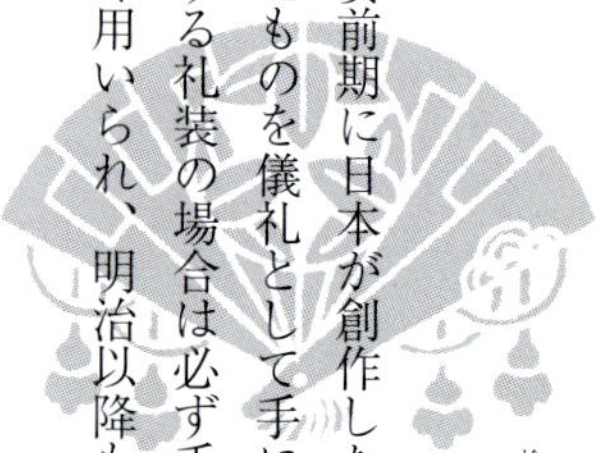
檜扇に九枚笹

[檜扇《ひおうぎ》]
着物全体に大きく檜扇を散らした模様で、檜扇の一面一面に雲と植物の異なった意匠が表わされている。自ずから蝙蝠扇とは文様も違い、蝙蝠扇に琳派風の絵画が多いのに対し、檜扇におっとりとした大和絵風が多いのも、王朝趣味の表れ。

[三つ檜扇散らし《みつひおうぎちらし》]
蝙蝠扇も同様だが、三本の扇の要を中心に広げると丸を形づくる。これを「三つ扇」といって各種に意匠され、紋章にもなっている。これは三つ檜扇を重ねて帯全体に散らした意匠。檜扇はこのように色糸でつづられている。

[檜扇に萩《ひおうぎにはぎ》]
半開きの檜扇をシンプルに意匠化し、萩の花で埋めている。檜扇の場合、長い緒(紐)も文様の見せ所で工夫して表現される。絽地刺繍半襟。

結び文《むすびもん》

結ぶという動作を文様上で見直すと、一つは文《ふみ》の「結文」。和紙に書いた書状を細く折って千代結びにした形。平安時代から行われた実際の風習をそのまま意匠化し、工芸品やきものの文様にしてきた。もう一つは薬玉や訶梨勒《かりろく》、楽器などの飾り紐を美しく結んだ形である。この結びには編む要素も加わって、手工芸的に見事な作品となっているものも多い。また明治時代の婦女子は貴重品を納めるのに、他の人が真似できないよう「花結び」を多様に工夫した。そんな中から紐結びが文様にもなっている。

［結文］《むすびぶみ》
折った文を一回の結びきりにした形。王朝期には恋文をこのようにしたが、江戸時代には庶民の普通の文にもされた。簡潔で愛らしい形が愛好され、陶磁器にきものにと、江戸時代初期からとり入れられている。手描き友禅紋綸子地着物。

［花結び］《はなむすび》
全体では幾何学的な文様に見えるが、円をなしているのは、紐を花にみなして結んだものだろう。結び紐を梅や桜の花形、あるいは鶴や蝶の形に飾り結びにする細工は、明治の女学校の科目にもあった。型染錦紗地着物。

［紐結び］《ひもむすび》
飾り紐を三方結びにしただけだが、紐の動きにリズムがあって、これだけで巧みな意匠となっている。紐結びは王朝風の器物を扱った文様に配されていることが多い。縮緬地刺繍半襟。

中輪に文

面文《めんもん》

芸能に用いられる諸用具をきものの文様にとり入れることは古くから行われていたが、面や冠り物を写実的に写して文様とするのは、ごく近代のことである。能面は役によって面が違い、人物設定や喜怒哀楽を暗示する。その面を文様として身につけることで自身の気持ちを託す意味もあっただろうし、単に謡好き、古典好みもいたであろう。

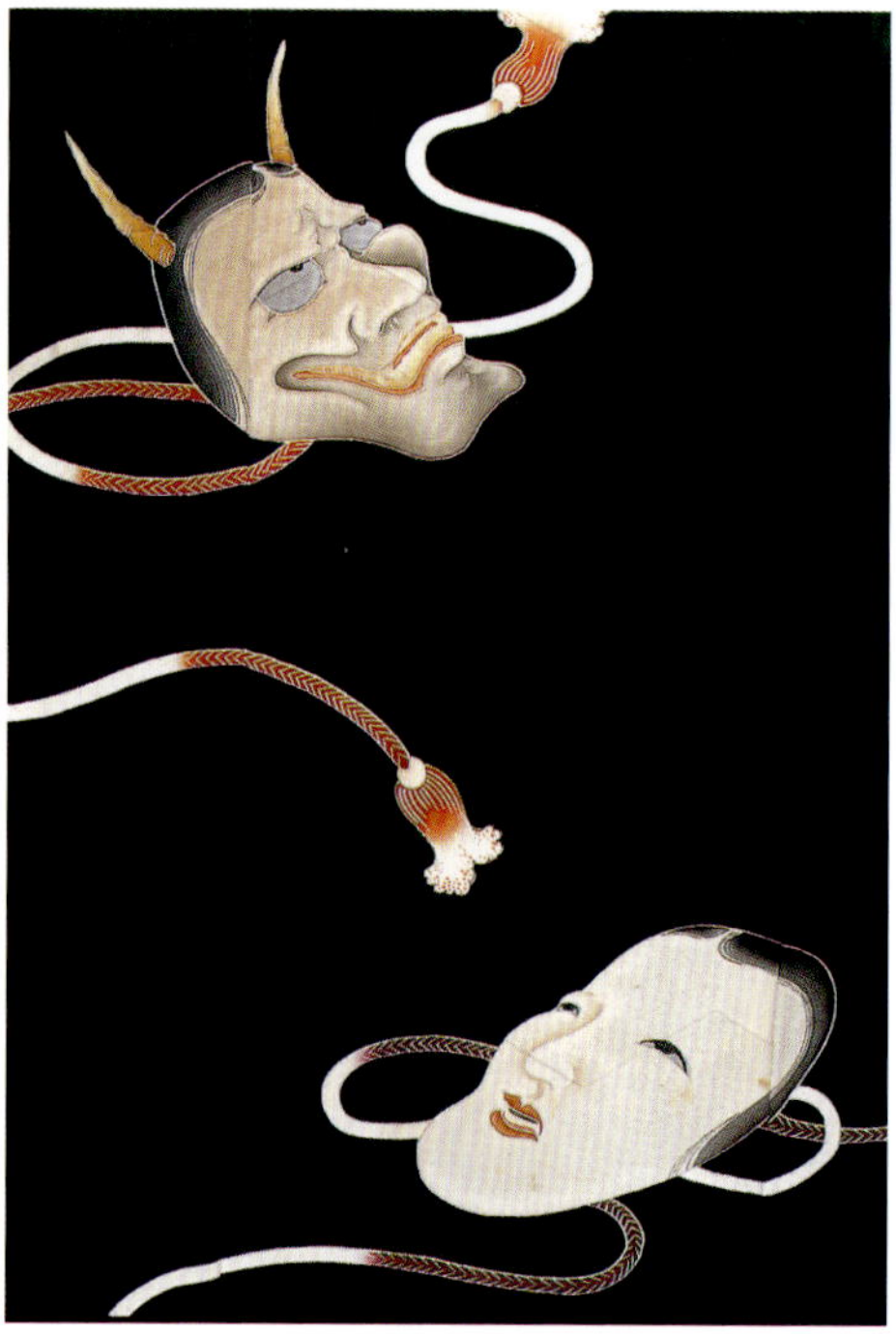

［能面《のうめん》］

小面（こおもて）と般若面を写実的な絵画風に写している。能「道成寺」では前場では若い女性の面を、後場では般若面で女の執念と恨み怒りを表わす。この変り方をふまえて紋綸子の着物に染められている。

［舞楽面と般若面《ぶがくめんとはんにゃめん》］

舞楽は大陸から伝わった芸能で、異国風な面をかぶり舞うものが多い。この面と能の般若面を思いきり異様に恐ろしげに描き染めたこの帯は、女の執念を象徴する鱗文をともに表わしていて、女性の強さをアピールする趣向か。

蓑《みの》、桶《おけ》、瓢箪《ひょうたん》

各種の器物を意匠化した文様で近代に残るのは、やはり王朝貴族の調度、用具が多く、礼装の場の衣裳の文様として今も人気は高い。しかし一方、趣味的なきものには、傘や団扇のように庶民が用いる用具もとり入れられており、何の器物か知らぬままに身につけていることもある。そんな今は珍しい用具を紹介しておく。

［腰蓑《こしみの》］
蓑は茅や藁を編んで作った雨具だが、文様としては「隠れ蓑」と称してこれをかぶれば体が見えなくなると、「宝尽し」の一つに入れられている。これは腰に巻く短い腰蓑。ほかの道具と合わせて、鵜飼いの鵜匠の意味だろう。紗袋地に刺繍の帯。

［水汲み桶《みずくみおけ》］
海辺で海水を汲み塩田へと運ぶ、あるいは川で水を汲み日常水とする。いずれにしても水汲み桶は下働きの者には大事な道具だった。潮汲み桶を天秤棒でかつぐ姿は舞踊の「潮汲み」に見られる。水辺で使うものゆえ葦や水との組合せが多い。

［瓢箪《ひょうたん》］
ひさごともいい、52頁で紹介した瓢箪が成熟すると中の種子を取り乾かして、水や酒などの容器として使った。実物にも漆蒔絵をほどこしたものもあり、酒器として使われ、この文様は優美な飾り紐もついて、酒の宴の情景だろう。手描き友禅一越地着物。

幾何学の文様、割付の文様

［一越地氷割文着物］

直線《ちょくせん》

原始の時代から、空間があれば不安に思い、そこを何かで埋めようとし、さらにその空間を装飾しようとする。こうして文様が生まれるとき、まずは直線、曲線、手の動くままに描かれ刻まれた線があり、それを重ね連続させ、さらに多様に展開させて幾何学的な文様が現われたであろう。これらは世界で共通しているものが多く、それに自分たちの生活に添った名称をつけ、具象物に文様を近づけていった歴史がある。きものの文様としては、洗練させ色彩を組み合わせてと、一見複雑であるが、あくまでも線の連続性を基にしているのは変わらない。

［卍繋ぎ文《まんじつなぎもん》］
梵語の卍をくずして四方につなげた文様。万字繫ぎ、菱万字ともいう。また桃山時代に中国から輸入された紗綾という絹織物の地紋に使われていたところから紗綾形（さやがた）ともいい、関西では綸子形という。鬼縮緬地刺繡半襟。

［卍繋ぎ文《まんじつなぎもん》］
卍繋ぎを小紋型で染めたもの。紗綾形とも呼ばれるように、現在でも卍繋ぎは地紋に用いられることが多く、「不断長久」を意味する吉祥文として、礼装の白襟は紗綾形紋織を第一としてきた。卍繋ぎに似た文様に工字繋ぎがある。

［網代文］《あじろもん》竹や葦、檜皮を薄く削って縦横あるいは斜めに交差させて組んだものが網代で、衝立や笠、天井など建築物に使われてきた。網代文はこの実用の技から発した、直線よりなる幾何学文。白生地の地紋に用いられることが多いが、これは鹿の子絞で網代を表現した帯。

［手綱文］《たづなもん》斜め棒縞を等間隔に配した文様。手綱のいわれは馬の轡(くつわ)につける手綱からで、二色の布を縒り合わせたもの。江戸時代には手拭いに染められたが、やがて色々な文様を配して、きものにも用いられるようになった。紅白の手綱に桜、楓を織り出した帯。

［檜垣文］《ひがきもん》薄く削いだ檜の皮を網代に組んだ垣が檜垣。文様として網代文と同じとされているが、木という性格上から幅広いものを組むことになり、それに似ていれば檜垣文と一般には呼んでいる。こちらも染織の地紋として愛好される。檜垣文に菊萩を織り出した帯。

［籠目文］《かごめもん》最も単純に編んだ竹籠の網目から生じた文様。地紋にも、また蛇籠の連想から水辺の風物ととり合わせて意匠化される。籠目の目一つを紋章化した星形の文様は、魔除けの印として使われもする。

菱文《ひしもん》

右斜め、左斜めの平行線が交差したところにできる形が菱形。雛祭りの菱餅の形である。菱文は縄文時代から土器に刻まれていて、まさに自然発生的に生じた幾何学文であろう。後に菱文と名がついたのは、その形が菱の実に似ているから。平安時代に装束の文様として菱形は展開され、菱の中をさらに四つ割にした「幸菱」、平行線を三重にして襷《たすき》に見立てた「三重襷」などが有職文としてある。菱文は平行線が続く連続文様を基本にしているが、一個の菱形だけでも成り立ち、さらには動植物の文様を菱形に意匠した形も出てくるなど、その形態種類は限りない。幾何学文ゆえ、基本的には季節に関わりなく用いる。

［松皮菱］《まつかわびし》
松皮菱は左頁左下のような形が基本だが、桃山時代にこの菱の中に花鳥を入れたりする意匠が現われ、流行した。松皮菱を模様取りとして用いる手法は現代でも古典的な趣を出す意図で愛好される。織り帯。

［二重襷に菊菱］《にじゅうだすきにきくびし》
斜めの平行線を二本にし、菊花を菱形に意匠したものを入れ込んでいる。菱の中を埋める発想は古くから見られ、四つ割の菱を入れる「武田菱」、菱形の中にさらに菱を重ね入れた「入子菱（いれこびし）」もその表れ。

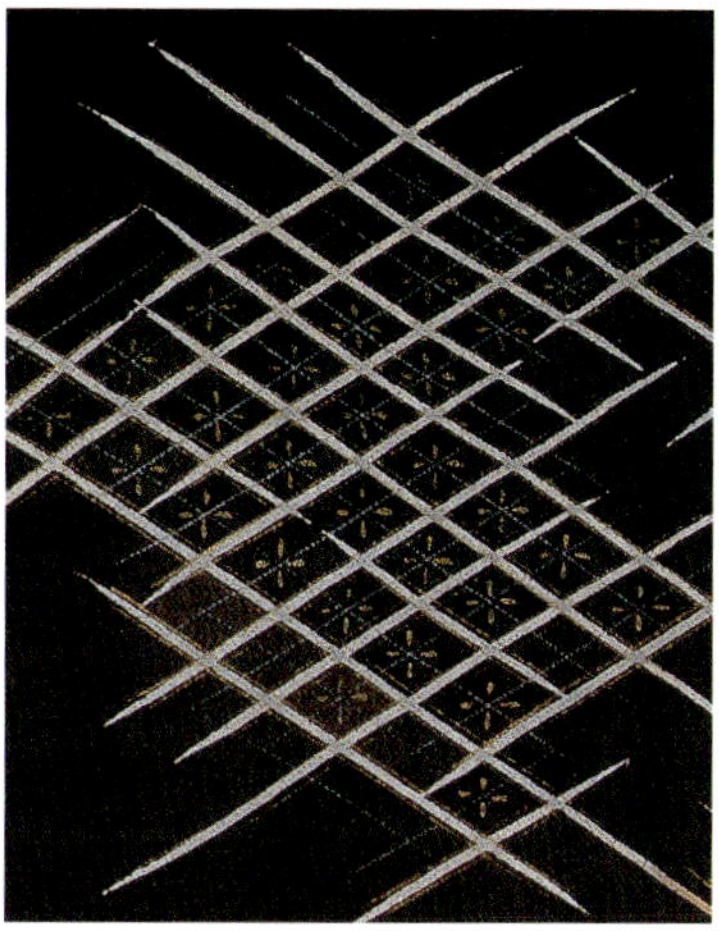

［業平菱《なりひらびし》］
平安の歌人在原業平が特にこの文様を身につけたというわけではない。王朝風の優雅な菱文という意味だろう。これは一本の襷だが、襷は二重にも三重にも表わされる。型染縮緬地着物（黒留袖の引返し部分）。

［松皮菱繋《まつかわびしつなぎ》ぎ］
松皮菱は菱の変形の一つで、菱形の上下に小さい菱をつけた子持ちの意匠。平安時代後期には現われたという。一個だけでも文様とされ、中にさらに文様を入れたりもするのは、右頁のとおり。

［業平菱《なりひらびし》］
上の業平菱の襷が二重になり点で表現されている。連続した菱文はこのように地を埋める意図で用いたり、地紋にされることも多い。織り帯。

中輪に四つ重ね菱

［松皮菱《まつかわびし》］
松皮菱の名は、松の幹の皮を剝がした形に似ているからという。これは松皮菱をつなぎ、ところどころにさらに菱を入れ込んでリズムをもたせている。織り帯。

花菱文《はなびしもん》

菱文は基本的に直線を交差させてできる幾何学文であったが、花菱は菱形に擬して四弁の花形を意匠したもの。平安から鎌倉時代に装束の織物の地紋に菱文が多様に展開される中で花菱も現われた。さらに七宝繋ぎの中に花菱を配したり、鳥が連なって襷状になる有職文様の「鳥襷文」の中にも花菱が配されたものがある。花菱はいくつも連なる割付文様として用いられるほか、紋章としても花菱紋の種類は多い。

[蔓花菱《つるはなびし》]
四弁菱形の基本形の花菱に蔓を添えた意匠。蔓花菱は紋章にも見られる。塩瀬地に蒔き糊をし、型染した帯。

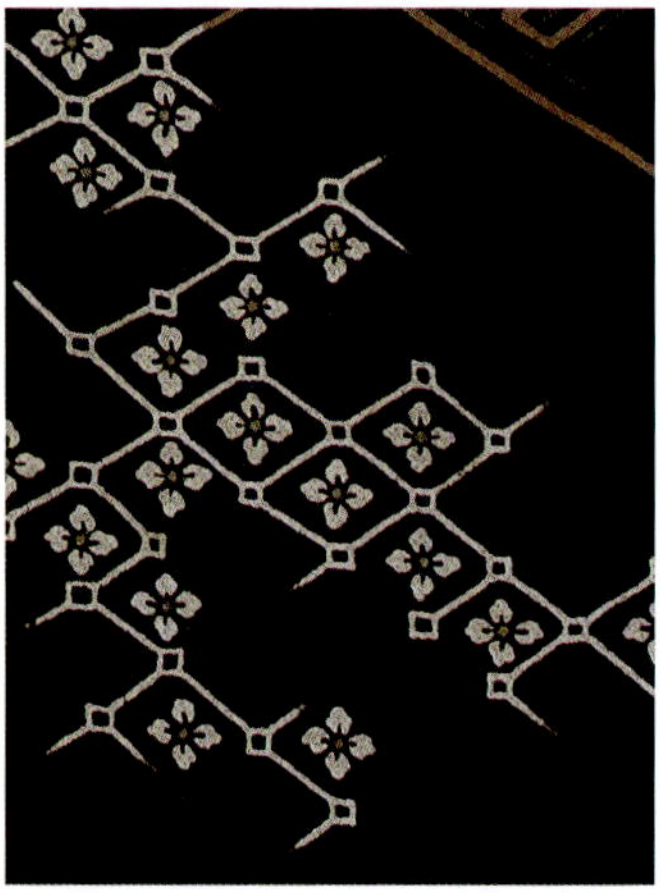

[変り花菱《かわりはなびし》]
変り菱形の中に花菱を入れ込んでいる。菱形は完全につながってはおらず、ところどころ破れているが、堅苦しさを避け余情をもたせる意図であり、きものにはよく「破れ」の意匠がとり入れられる。

[菊菱《きくびし》]
花菱は本来、何とは特定できない四弁の花の形であるが、近代、多弁の菊花を菱形に意匠したものなども現われた。縮緬地刺繍半襟。

鬼花菱鶴

亀甲文《きっこうもん》

「花菱亀甲繋ぎ《はなびしきっこうつなぎ》」
六角形の亀甲文は亀の甲羅の形に由来した名であり、長寿の象徴として吉祥の文様である。亀甲繋ぎとして連続した意匠が特徴。これは亀甲に亀甲を入れ子にした「子持ち亀甲」に花菱を入れた「花菱亀甲」。型染め帯。

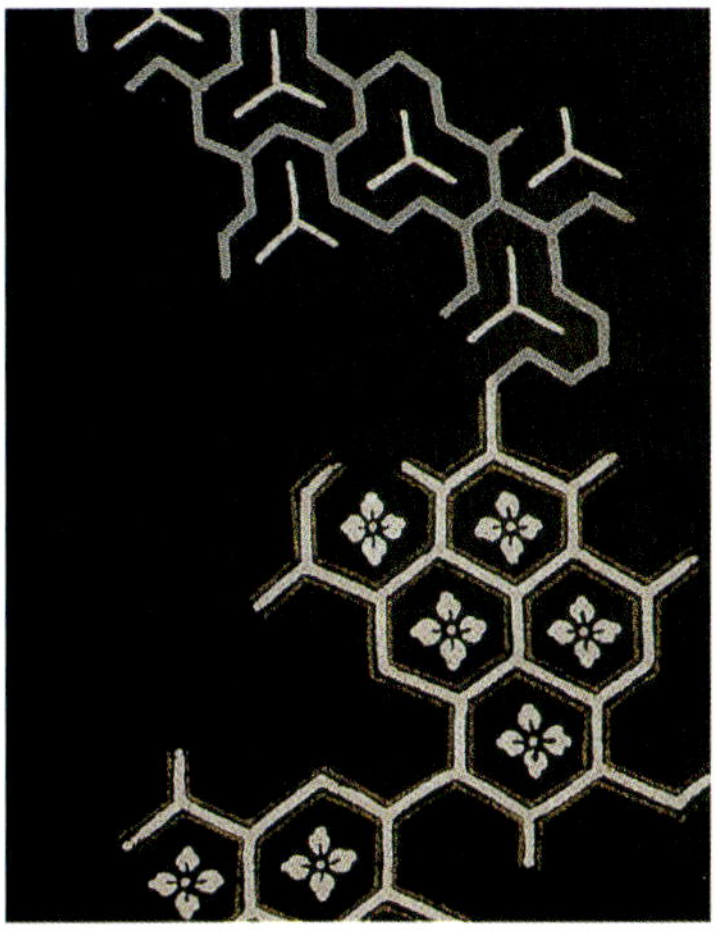

「花菱亀甲と毘沙門亀甲《はなびしきっこうとびしゃもんきっこう》」
ともに「破れ」の趣向だが、下が花菱亀甲、上は毘沙門亀甲。毘沙門亀甲は亀甲繋ぎの変形で、毘沙門天の甲冑の文様から生じたもの。

「十字亀甲繋ぎ《じゅうじきっこうつなぎ》」
上と同じく子持ち亀甲に、市松状の十字を配している。有職文にもとり入れられた亀甲繋ぎは、江戸時代になって民間にも広まり、祝い着の小袖や打掛に、さらに能装束にも用いられてきた。現代でも礼正装用の帯の地紋にしばしば登場する。

「毘沙門亀甲《びしゃもんきっこう》」
亀甲を山形状に三つ組み合わせたのが基本の毘沙門亀甲で、これはさらに入れ子にし、展開して重厚さを出している。毘沙門亀甲に似て、網目を表わすように組んだ「組亀甲」もあり、やはり亀甲繋ぎの変化。織り帯。

麻の葉文《あさのはもん》

正六角形を基本にした直線文様。日本独創の文様であり、現代にもなじみの文様の第一かもしれない。名称の由来は文字どおり、麻の葉の形を連想させたところから。江戸の文化・文政年間に歌舞伎役者の岩井半四郎が「八百屋お七」に、嵐璃寛が「お染」役に麻の葉文様の衣裳をつけて大流行させた。以来、町娘役には欠かせない文様となり、若い娘の代表柄となってくる。また麻の葉はすくすく真っ直ぐに伸びるところから、赤ん坊にはまず麻の葉文の産着を着せる風習があった。近代でも着物に帯に、また麻は健康によいからと、襦袢の文様として身につけてきた。

「麻の葉小紋」《あさのはこもん》
小紋型なので点で表現されているが、基本的な麻の葉文。このまま刺し子の文様としても使え、布巾や袋物に仕立てられる。

丸に麻の葉

「麻の葉鹿の子」《あさのはかのこ》
子鹿の背の白い斑点のような鹿の子紋。その鹿の子絞で麻の葉を染めた衣裳は着物や帯、襦袢にも見られる。しかしこれは絞り染ではなく、それに模して意匠した型染である。メリンス地長襦袢。

「麻の葉取り」《あさのはどり》
麻の葉を連続文様としてではなく、一組大きく配して、できた十二分割の地に他の文様を入れ込んでいる珍しい意匠。紋綸子の地紋となっている卍繋ぎを拾って染め、ほかは蝶や花を。型染に刺繍の帯。

［麻の葉に紅葉《あさのはにもみじ》］
麻の葉は婦女子だと長襦袢のほか、帯の文様に用いられることが多い。鹿の子絞の麻の葉と黒繻子を取り合わせた昼夜帯は、江戸娘の定番衣裳。これは麻の葉繋ぎに、意匠化した紅葉を大きく散らした、塩瀬地染め帯。

［麻の葉に花の枡《あさのはにはなのます》］
とくに意味はない文様だろうが、麻の葉を地柄に、花を配した枡形を並べている。麻の葉文は鹿の子絞に用いられることが多かったからだろうか、友禅染にしても鹿の子に似せた匹田をあしらうことがしばしばある。

［麻の葉に紅葉《あさのはにもみじ》］
大胆に染め分けた羽二重地に破れ麻の葉と紅葉を刺繍。手が込み、派手やかな意匠だ。

［変り麻の葉に牡丹と菊《かわりあさのはにぼたんときく》］
麻の葉形にかなり手を加えると全く別の表情を見せる。花火のようなモダンさだ。牡丹と菊も洋画的表現だから、大正モダニズムが生んだ文様か。型友禅縮緬地着物。

四角《しかく》 三角《さんかく》

直線を結んでできる幾何学文のシンプルなものは、四角と三角の面だろう。菱形も四角形、亀甲は六角形というわけだが、正四角形となると文様は限られる。正四角形の代表は「石畳《いしだたみ》文」で、色違いの正方形を交互に敷き詰めた形、いわゆる敷石である。平安時代には霰《あられ》と呼んで装束の地紋とし、以来、能装束や建築の意匠にまで広くとり入れられた。江戸時代の歌舞伎役者、佐野川市松が好んで舞台衣裳とし、この文様が流行して「市松」と呼ばれた。以来、石畳文はむしろ「市松文様」のほうが通じるかもしれない。着物や帯地の地紋として、あるいは石畳の中に宝尽しなどを配して用いられる。

［色紙重ね《しきしかさね》］
正四角形はきものの文様としてはしばしば、色紙や切り箔になぞらえられる。色紙はそこに絵や歌、文をかき表わすものとして身近であり、金箔を張るための材料である切り箔は薄い箔が四角く切って重ねられている。この文様は単に正方形をずらし重ねただけだが、色づかいによって面白く意匠化している。捺染メリンス布。

［破れ切り箔《やぶれきりはく》］金銀の切り箔が傷み破れたとの意味だが、別に実物を写したわけではない。風情を箔に見立てたものだろう。文様としては切り箔、破れ切り箔ともに単独で用いられることは少なく、106頁の「唐獅子文」のように、空間のあしらいに使われる。楊柳地刺繍半襟。

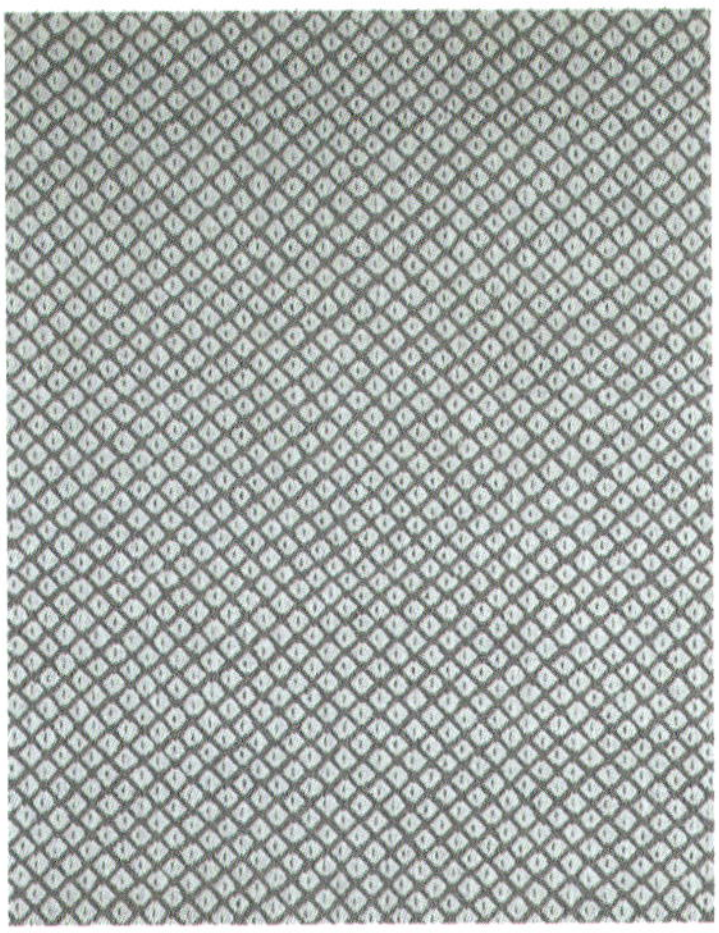

［疋田文《ひったもん》］疋田絞は鹿の子絞と同様、糸でくくって染めるものだが、布地全面にほどこすものをいう。この染め図柄を模して文様にしたもので、枡形の割付文である。織り帯。

［鱗文《うろこもん》］三角形の文様はごくごく古い。基本は連続した三角文で、自然に発生した幾何学文だ。これに鱗文と名がついたのは鎌倉時代とされ、呪い、魔除けの力を持つと、武具や戦陣の衣服に、そして紋章にもされている。連続文ではないが、数あれば鱗文となる。

［重ね鱗《かさねうろこ》］能装束では、嫉妬や恨みをもった鬼女は鱗箔の装束をつける。また大蛇の鱗が鱗文発祥のいわれというところから、近代では厄年の人が厄除けに着るという例もある。しかし一般でもリズミカルで現代性を感じる文様ではある。縮緬地刺繍半襟。

曲線《きょくせん》

［分銅繋ぎ《ふんどうつなぎ》］同じカーブの曲線四本を違う方向に向けてできる分銅形をつないだ、割付連続文。分銅とは秤の重しのことで、鉄か真鍮でできていた。円形の左右を弧形にえぐってくびれさせた形である。少しくずして「破れ」の意匠にしている。

［網目《あみめ》］曲線を交差させ、つないだ文様だが、ちょうど漁労の網の目の形となる。簡潔でリズミカルな文様なので、「網手」として陶磁器の文様に、また小紋、手拭いに染められた。これは網目を細長く配して、地色とともに夏の海を連想させる。手描き友禅絽地着物。

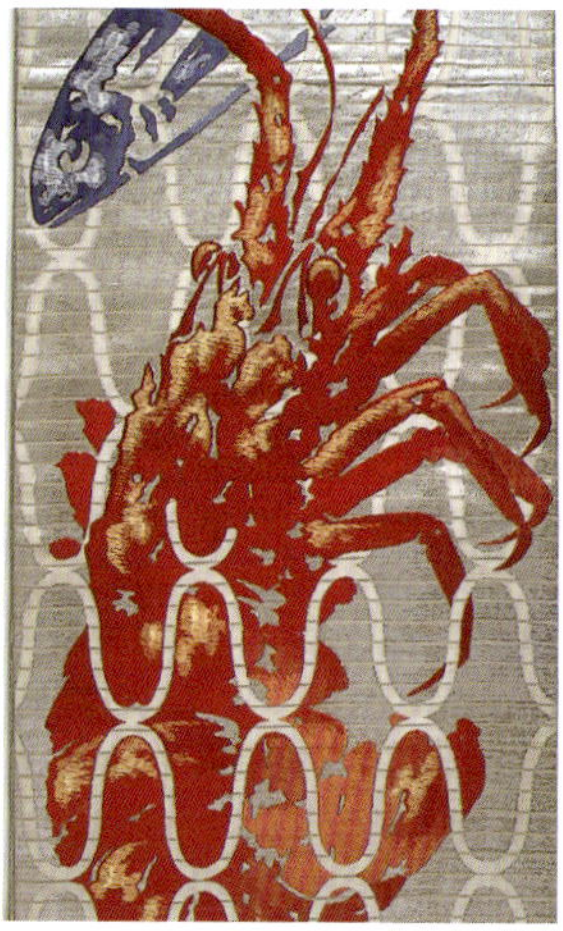

［網に魚《あみにさかな》］網目文を実際の漁網にみなして、これに魚、エビ、タコなどを大きく配した文様が江戸後期に現われた。奇抜を好んだこの時代、魚市場の人々や漁師らが、浴衣や手拭いに染め「大漁文」として愛好したのだ。主に男性用であったが、この意匠の流れは残り、女性にも浴衣や夏帯の文様にとり入れられることがある。これは左右とも一本の絽帯に織に刺繍を加えて表現したもの。

円《えん》

円や丸は幾何学文の基本といえる。人間は腕を動かすだけで円が描け、その形は完結してかつ限りがない。禅僧が「円相」を一筆書きするのは、円が空と無を意味し、円相に自ずから人格が表われるからという。文様としては円、丸が太古から見られるのも当然であろう。円はまず太陽を象徴する形であり、力の源であった。やがて月や星も円で形象化したのは「日月文」や「曜文」を見ればわかる。しかし近世、近代になると円や丸は意味性を離れ、そのデザイン性から文様に用いられることが多くなる。円文、丸文としての使い方であり、丸の中に文様を納めるという意匠である。

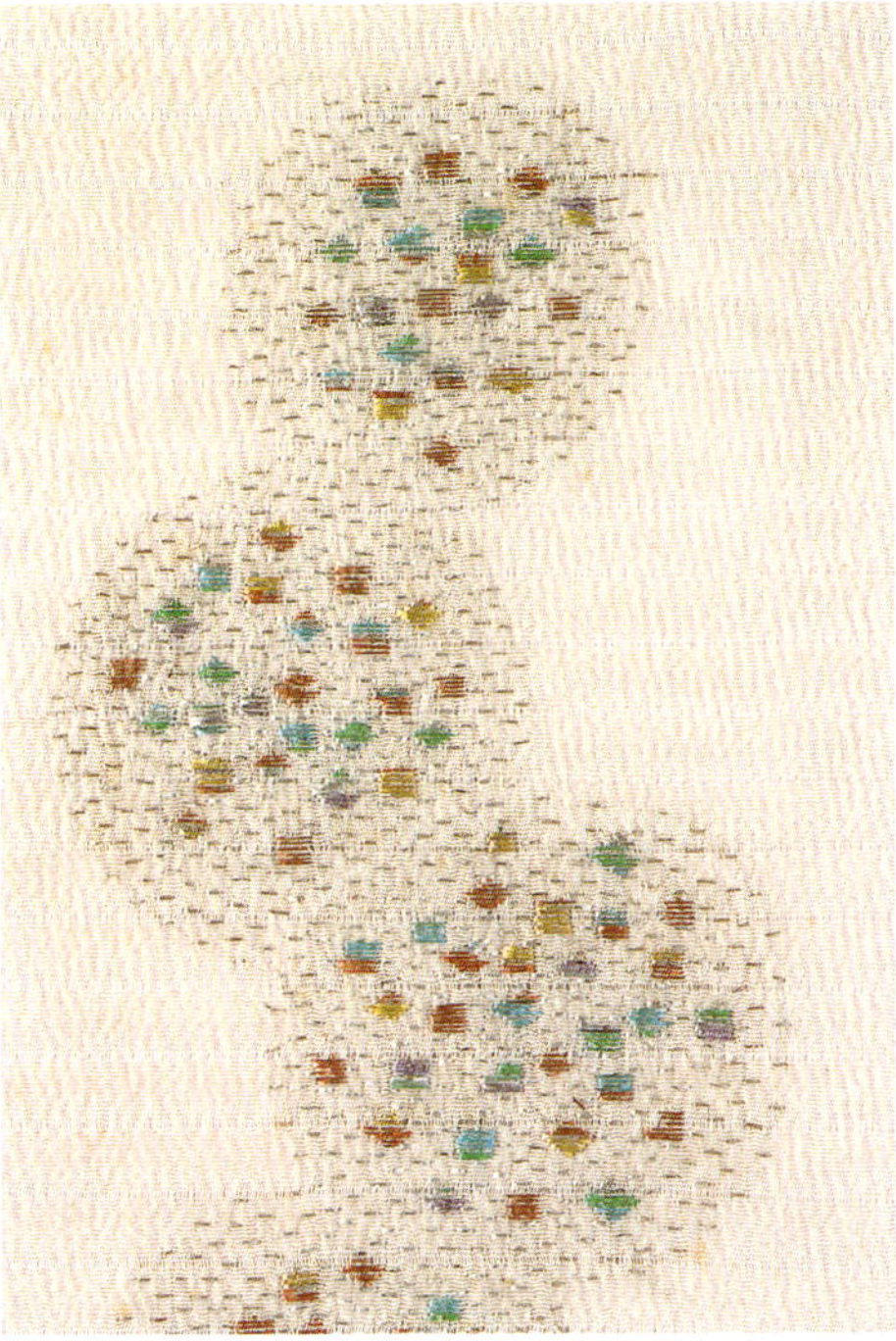

［丸に角散らし］《まるにかくちらし》

刺繍の菅繍いの手法で丸を表現し、さらに細かく四角を繍い取っている。平面的には丸繋ぎといえようが、こんなシンプルな形が文様となるのだから、きものは面白い。縮緬地半襟。

［丸文］《まるもん》

紋章には丸い輪の中に意匠した形がよく見られるが、それと同じく丸輪に文様を納めた意匠。整然とした印象を与え、能装束にも見られる。これは立涌を織で、藤の丸、傘、さざ波に三つ鱗をそれぞれ配した丸文を刺繍した帯。

水玉文《みずたまもん》 輪文《わもん》 渦文《うずもん》

円を展開させると様々なデザインが生まれる。同心円を一個重ねれば輪になり、円を散らしていけば自然現象の水玉が連想される。一筆続きでぐるぐると円を続けていけば渦巻になる。これらを重ね、つなぎしていくうちに思わぬ形が生じ、それを身近な事物に見立てて命名された文様もある。有職文である「七宝文《しっぽう》」は、輪を組み合わせた輪違い文から派生したとされる。

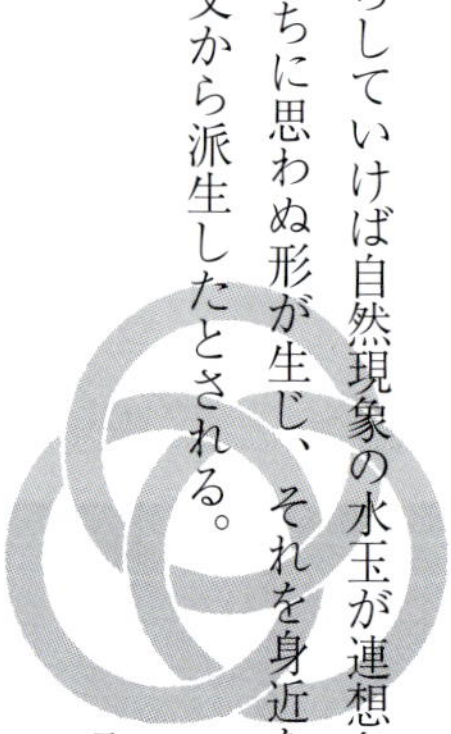

三つ輪違い

［丸繋ぎ《まるつなぎ》］
次に紹介する縞、格子と同じく、円から派生したシンプルな幾何学文は、先染（織）のきものによく用いられる。この銘仙地も結果的にこのような文様になったと思えるほど、割付文様の面白さを見せてくれる。

［水玉《みずたま》］
水玉文には、同じ大きさの円を並べたもの、自在に散らしたもの、大小の円によるものとあるが、水玉と呼ぶかどうかは、水玉に見えるかによるという。これは確かに水玉、若い人に人気があった柄。銘仙地着物。

［輪違い《わちがい》］
輪を二個以上組み合わせたもので、輪をくぐる上下がはっきりと表現されている。輪違い文は平安時代から見られ、紋章にも多く、二つ輪違い、三つ輪違い、四つ輪違いと展開される。オリンピックマークは五つ並べた輪違い文。これは輪違いを総模様とした浴衣。

［輪重ね《わがさね》］
輪違いは輪をくぐらせているのが特徴だが、単に重ね置いた形は輪重ねという。これも輪の大小、重ね方によってリズム感が出て、用い方によっては現代のきものに似合うものとなろう。縮緬地刺繍半襟。

［変り渦巻《かわりうずまき》］
渦文は一般に141頁左のように真っ直ぐな曲線で表わされ、水を意味する使い方が多い。これは変形としてブルブルした線で表現。水を意匠したというより、デザイン的面白さをねらったものか。紗地織り帯。

［蛇の目重ね《じゃのめがさね》］
蛇の目傘にあるように、太い輪の文様を「蛇の目」という。まさに蛇の目に似ているのだろう。鎌倉時代から見られる文様で、旗指物につけて必勝のまじないとした。これは色違いの太い輪による蛇の目を重ねた、銘仙ならではの大胆な意匠。

縞《しま》 格子《こうし》

これらは直線で構成する幾何学文ではあるが、他と違うのは織の手法によって生み出されたものであること。経糸の配し方、緯糸の通し方によって表現される文様を一般にいい、格子も基本的には縞柄の展開である。縦縞の織物が本格的に日本に伝わったのは室町時代からで、いわゆる名物裂の中に「間道《かんとう》」という縞物が見られる。桃山から江戸時代初期には、日中貿易や南蛮貿易により木綿の縞織物がもたらされ、「唐桟《とうざん》」といって喜ばれ、時を同じくして日本でも綿花の栽培が広まり、江戸時代中期には地産業として綿織物を奨励する藩も多くなった。このような背景から縞物は庶民の日常着に欠かせないものとして今に続いている。

[唐桟《とうざん》]
昭和の頃、日本各地で唐桟として織られていた綿織物の一つ。綿でも絹織物のようななめらかさと光沢をもつ。

[唐桟《とうざん》]
同じく昭和に織られたもの。唐桟は本来、細い縦縞の綿織物だが、この時代になると、格子柄にも織られた。

縞織物のうちでも有名なのは、唐桟と並んで黄八丈である。唐桟、黄八丈ともに文様の名ではなく、それぞれ糸の染め方、織り方、仕上げ方が独特な手法で行われ、黄八丈は東京都八丈島産であることはご存じのとおり。しかし縞、格子の柄を代表する織物なので、比較的近年のものではあるが紹介する。唐桟は細かい縦縞を織り上げた後、砧で打つなど仕上げ加工をして、すっぺりした味と光沢を出したもの。唐桟の名の由来は諸説あるが、セント・トーマス（桟留）港から運んで来た、そして唐人が持ちきたったから唐の桟留、唐桟と呼ばれたという説がある。江戸時代中期からは日本産の唐桟も各地で織られた。一方、黄八丈は絹織物で、初めは大奥専用だったが、町人の着用が許されると、粋で渋みのある独特の色が圧倒的な人気を得た。

［黄八丈《きはちじょう》］島に自生する植物染料で糸を染め上げ、黄・茶・黒が基本で、縞か格子柄に手織りする。黄色は刈安の液で何回も染め、椿と榊の灰汁（あく）で媒染して黄金色に発色させる。

［黄八丈《きはちじょう》］これは紬糸を使ったもの。茶色が地色になると鳶八丈と呼ばれ、マダミの樹皮で染め、マダミの灰汁で媒染。黒は椎の樹皮で染めてから泥染して出す。黒を地色にしたものは黒八丈という。

縞帳《しまちょう》

江戸時代後期から明治にかけて、商品経済がまだ一般化していない頃、全国各地の農村で女性たちは自家用の縞や格子を織った。家族のために糸を作り、織り、仕立て、手入れをして着せる作業は婦女子の大事な仕事であり、甲斐性であった。縞帳は、そんな女たちが織り上げた布の端を切り取って紙に張り付け、柄の心覚えとしたものが基になっている。その後、中間業者が入って客からの注文を取るようになると、見本帳としての役目を持つようになる。ここでは、「現代縞帳」として、明治から大正、昭和にかけてどんな縞が織られ、遺されているかを紹介したい。縞、格子は先にデザインありではなく、織り手の感覚や家庭事情があって仕上がったものゆえ、柄に特別の名称はないものがほとんどである。

［縞《しま》］お召地単衣着物

［縞《しま》］織り着物

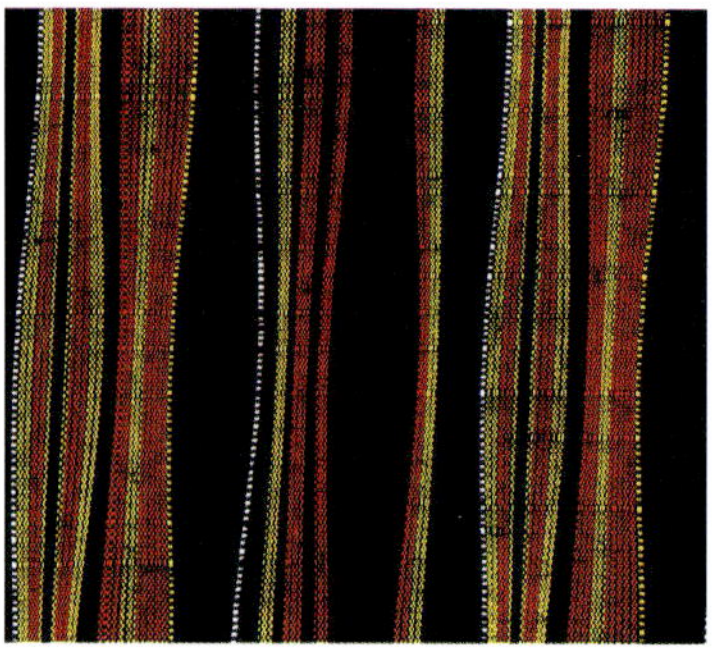

［よろけ縞《よろけじま》］紬地着物

［縞《しま》］紬地着物

［両子持ち縞《りょうこもちじま》］
木綿地布

［格子縞《こうしじま》］
紬地帯

［変りかつお縞《かわりかつおじま》］
お召地着物

［格子縞《こうしじま》］
黄八丈（ただし八丈島産ではない）着物

［勝手縞《かってじま》］
紬地着物

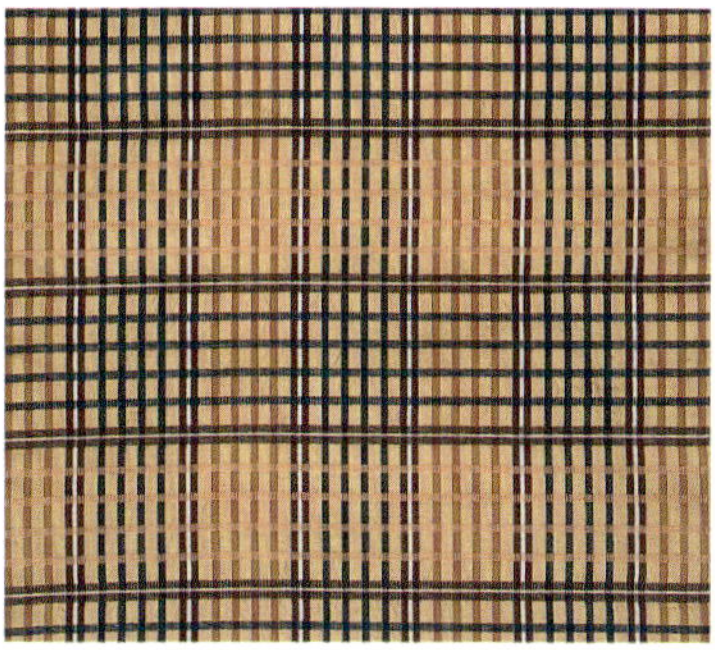

［格子縞《こうしじま》］
織り帯

［格子縞《こうしじま》］
琉球紬（真綿紬）着尺

［格子縞《こうしじま》］
織り帯

［格子縞《こうしじま》］麻地着尺

［格子縞《こうしじま》］大島紬着物

［格子縞《こうしじま》］織り帯

［三筋格子《みすじごうし》］紬地着物

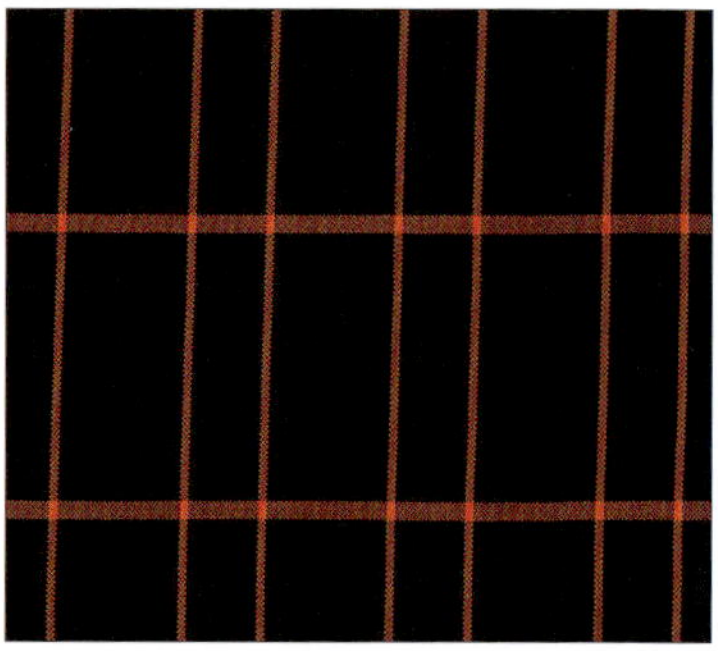

［格子縞《こうしじま》］大島紬着物

［格子縞《こうしじま》］紬地着物

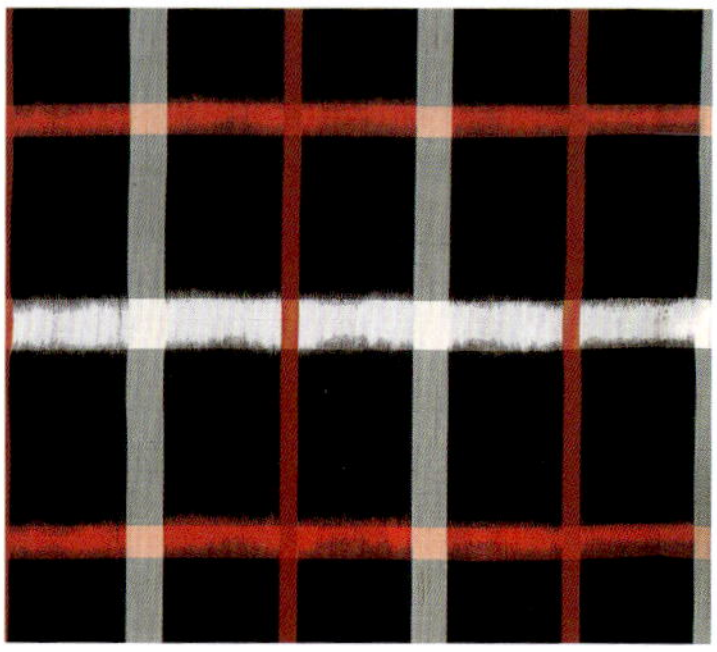

［格子縞《こうしじま》］銘仙着物

［格子縞《こうしじま》］紬地着物

［よろけ縞《よろけじま》］
型染絽地着物

［勝手縞《かってじま》］
ろうけつ染紬地着物

［伊予縞《いよじま》］
型友禅紋綸子地着物

［碁盤格子《ごばんごうし》］
型染紬地着物

［ぼかし縞《ぼかしじま》］
型友禅縮緬地着物

［格子縞《こうしじま》］
羽二重地男児一つ身着物

［木賊縞《とくさじま》］
型染絽地着物

［格子縞《こうしじま》］
縮緬地男児一つ身着物

絣文《かすりもん》

矢絣文《やがすりもん》

絣文も織手法ならこそ生ずる文様である。「飛白」ともいわれるように、糸かせを所々くくって防染し染めた糸を機にかけ織る。文様の部分は少しずれて〝かすれ〟、独特の風合いを生ずる。絣の技法はインド、中南米などで古くから見られ、世界に共通する技法といえるが、日本で広まったのは江戸時代中期以降。絹、木綿はもとより麻、芭蕉などの自然糸でと、土地産出の素材を用いて織られた。絣で面白いのはその地によって素材も違えば染料も違い、また柄も独創工夫されていることだ。沖縄諸島、久留米、伊予、山陰、越後や能登、そして関東近辺に、様々な絣織、絣柄が今も織られ続けている。矢絣は明治になって流行した絣柄で、昭和初期になると機械織ならではの絣柄として、お召や銘仙に用いられた。

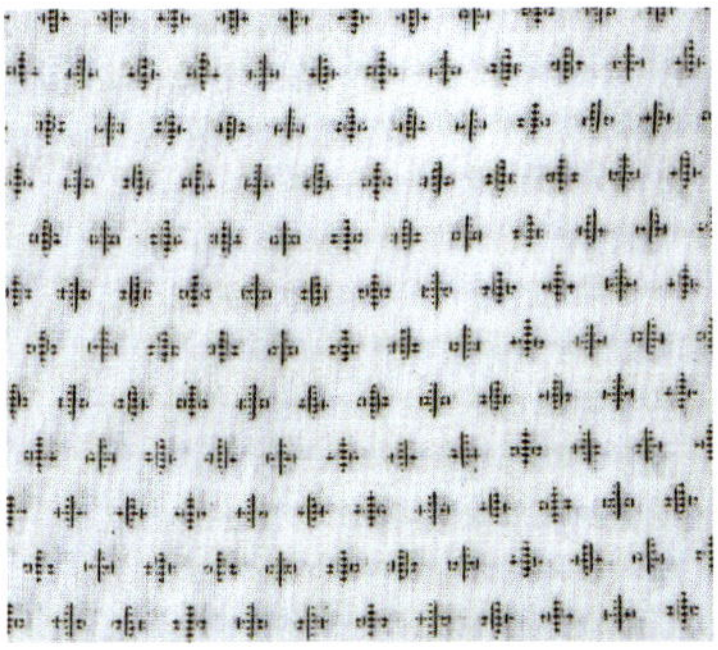

［十字絣《じゅうじがすり》］
絣柄の最も簡潔な文様で、経糸と緯糸で十字に織り出す。これがさらに細かく密になれば「蚊絣」といい、一幅に何百が織り出されているかを競う。これは白地に十字絣を織り出した白絣だが、この逆もある。十字絣は単純な絣ゆえ、書生絣といって日常着にした。

［井桁絣《いげたがすり》］
井戸の縁の木枠を井桁という。井桁の文様自体は江戸時代から染織に用いられていたが、明治時代以降、代表的な絣文様になった。井桁は単線で、あるいは複線で表現される。

［井桁絣《いげたがすり》］
変化させた井桁をきっちりと割付けている。これは木綿の布地だが、多分男の子用だろう。昭和初期まではこんな着物で遊び回っていたのだ。

［模様絣《もようがすり》］
縦、横に縞を網代状に織り出した柄。藍、深藍、白に染め分けたごく細い木綿糸で織られている。このような木綿絣は現代も愛好者は多い。

[矢絣]《やがすり》
昭和初期、女学生が通学服とした、定番の紫の矢絣。お召、銘仙、あるいは富裕層は一越地の矢絣の着物に袴をつけ、編上げ靴や草履で登校する姿が憧れの的であった。

[矢絣]《やがすり》
並列して並べた定番の矢絣に対し、矢羽根を一つの文様としてとらえると、また別の展開が生まれる。昭和も戦争前には銘仙、お召に様々に織り上げられた。お召着物。

[矢絣]《やがすり》
矢絣は経糸を同間隔で染め、織機にかけるときに規則的にずらし、矢形を縞状に織り出す。単純な構成だが、このように幅を変えるなどと展開できる。銘仙の着物。

[矢絣]《やがすり》
これは織ではなく、型染されたもの。この柄の人気から染小紋などにまでとり入れられた。縮緬地着物。

絵絣《えがすり》 変り織《かわりおり》

絣の手法でも、単なる幾何学文様ではなく、絵文様を織り出しているものがあった。現代では技術後継者難から廃絶した所も多いが、伝統織物として守り伝え、また縞や絣に新たに絵文様をとり入れている産地も見られる。絵絣は木綿絣と絹絣がある。絵柄が面白いのは木綿絣で、鶴亀、舞鶴、城郭、祝い鯛、富士鷹茄子などの多彩な文様が、きものに、ふとん地や箪笥の覆い用にと織られている。今も産するのは鳥取県弓浜絣、愛媛県伊予絣、福岡県久留米絣など。絹絣はいずれも紬で、奄美大島をはじめとした沖縄諸島や茨城県結城などを代表とし、各地で織られている。

［大島紬《おおしまつむぎ》］衝立、楼閣山水、植物を織り出した、大島紬の絵絣。大島紬は針で糸を合わせ揃えるほど織り文様が精緻で、柄の単位も小さい。泥染により艶のある黒に仕上がる泥大島。

［大島紬《おおしまつむぎ》］具象的ではないが、奄美大島の自然をモチーフに独特の意匠化をした柄が多い大島紬の例として紹介。丹念な糸染と高度の織り技術が、織でもこれだけ細かな文様を作り出す。泥藍大島。

［段々縞《だんだんじま》］
一見、古裂を切りばめ(アップリケ)したように見えるが、一本全てを織で通した帯。段々の山道風の幾何学文様を表現するため、このような手の込んだ織り手法を使っている、と紹介する。唐桟風の四種の縞は縦縞と横縞に織り分けられ、間は矩形の無地と紋織で埋めている。幾何学的に計算された文様である。

吉祥の文様

［黒一越地壺垂れ吉祥文留袖］

四君子文《しくんしもん》

中国では古来、梅・菊・蘭・竹の四つを徳ある草木として、書画や詩の題材にとり上げてきた。梅は寒なれど秀、春来るを率先して告げる。菊は身を軽くし気を益し、人の寿を延ばす。蘭は〝善人は蘭の如し〟王者の香あり。竹は虚ろなるに因《よ》りて益を受く。梅菊蘭竹を合わせ描いた文様を「四君子」と称するところである。この中国人の好みが日本にも伝わり、江戸時代は文人墨客に愛好され、やがて文様として扱われるようになった。衣裳においては、四君子も様々な表現法が見られ、礼盛装に四君子を配したり、花の丸として着物や帯に用いられる。いずれの場合も吉祥のおめでたい文様である。

［四君子《しくんし》］菊菱立涌に図案化した梅菊蘭竹を散らしている。四君子はもともとは文様としてではなく文人好みの水墨画のテーマにされ、やがてきものの文様にとり入れられた。わずかに絵画の趣が残る四君子文様。型友禅縮緬裂。

［四君子散らし《しくんしちらし》］

よく見ると梅菊蘭竹が揃い、四君子の吉祥と気づく。それぞれ花か葉のみを図案化して刺繍したもので、若々しい可愛らしさがある。羽二重地帯。

［四君子の丸《しくんしのまる》］

花丸文に意匠した梅菊蘭竹を大きく散らしている。紋綸子の地紋はこれも菊菱立涌。四君子に有職文の立涌の取合せは、格をそろえる意味で一種定番だったようだ。手描き友禅。

［立涌に四君子《たてわくにしくんし》］

白地綾織に金糸で破れ立涌、瓢箪形の中には梅菊蘭竹を端正に刺繍。格の高い帯で、婚礼衣裳に用いられたもの。

松竹梅文《しょうちくばいもん》

蘭を加えた四君子がどちらかというと中国文化の香りを帯びたものなのに対し、松竹梅はいかにも日本の風土に根ざした吉祥文様である。松、竹、梅それぞれは平安時代から見られるが、この三つを組み合わせるようになったのは、室町時代からという。常磐の松、齢の松と称される松、竹は節操高く廉潔、梅は清香にして文雅と見られ、「歳寒の三友」として格高い吉祥文様である。衣裳にはいうに及ばず、陶磁器、漆器、家具、建築意匠にと、生活の様々な場面にこの文様が見られる。婚礼衣裳や嫁入り布団、礼服に染織されることも多く、代表的な吉祥文様で四季を通して使える。

[松竹梅]《しょうちくばい》
明治時代のごく薄手の縮緬裂だが、長襦袢に仕立てられていたものだろう。梅は雪華形の変り梅を大きく配し、松は定番の図案だが、竹は笹竜胆(ささりんどう)を使っている。本来、笹竜胆は別の野生植物だが、文様として竹として扱うこともある。

[松竹梅]《しょうちくばい》
これは松竹梅文様でも意外な発想で意匠化されている。並べた竹を大胆、簡潔に描写し、幹を梅重ね、松重ねで埋めている。竹の葉の色も鮮やかで、現代でも新鮮。繻子地に刺繍の帯。

薬玉文《くすだまもん》

端午の節句に菖蒲や蓬をつるし邪気を祓う中国の風習は平安時代に日本に伝わり、この風習から発展し、室内の不浄を払い邪気を避けるために吊るしたのが薬玉。麝香《じゃこう》や沈香《じんこう》を玉にして錦の袋に入れ、菖蒲や蓬の葉、あるいはその造花を飾りつけ、五色の糸を長くたらしたもの。後に、様々な花を飾りつけたものも薬玉とし、華麗なものゆえ、きものの文様にも多くとり入れられるようになった。女児の七五三の祝い着の文様によく用いられる。縁起よく「久寿玉」の字を当てることもある。

[薬玉《くすだま》]
邪気を祓うための薬玉は、江戸時代には優美な形が装飾品として愛され、様々な花で作られるようになる。これは撫子を使ったもの。楊柳地刺繍半襟。

[変り薬玉《かわりくすだま》]
花を薬玉に意匠したものだが、ここまでくると本来の意味から離れ、薬玉が文様として変化し定着していることが感じられる。手描き友禅一越地着物。

[変り薬玉《かわりくすだま》]
梅、菊、橘、楓は単純な線で表現された琳派調。下の折形にも波が描かれて、雅さを増す。琳派調の文様は江戸時代から現代まで長く好まれてきた。

花熨斗文《はなのしもん》

昔から、物を贈るときには檀紙《だんし》や奉書で包み、水引で結んで相手への敬意を表してきた。それが現代にも「折形」として結納品の目録などにも伝わっている。花束や花の枝を和紙で包んだ形の花熨斗文は、その一つであろう。宮中では、七月七日の乞巧奠《きこうでん》に折り畳んだ和紙で草花を包み、天皇皇后に献上する習しがあり、その形を衣裳の文様としてもとり入れるようになった。写実的な表現から意匠化したシンプルな表現、またたっぷりの草花を包んだ花熨斗から、梅や桜の一枝の花熨斗までと、多彩である。

［花熨斗］《はなのし》　図案化した意匠だが、花熨斗文様である。萩、桔梗、撫子などの秋草、それに花菖蒲を折形に和紙で包んで。このように、折形の部分は染や刺繍によって様々な図柄で表わされていることが多く、華麗な仕上りとなる。絽地に刺繍の帯。

橘文《たちばなもん》

橘は「柑子《こうじ》」や「蜜柑」の古名であり、古来より日本に自生していたと考えられる。橘は日本においては「常世の国の果樹」とされ、橘文は単なる植物文ではなく、吉祥の意味を強く持っていた。京都御所・紫宸殿《ししんでん》の右近の橘は有名。文様として表わされる橘は、実と葉を定形的に意匠化したものが多く、絵画的表現は少ない。紋章としても数々があるが、定形的意匠を基にしている。長寿、子孫繁栄の象徴として、婚礼衣裳から礼盛装の文様に長く用いられており、そこに柑橘類をイメージする余地はあまりない。

［橘］たちばな
定形意匠化した橘といえる。結び紐でつないだ意匠で、現実の果実をモチーフにしたというより、定形によって吉祥の意を伝えているると認識するほうがよい。お召地に手描き友禅着物。

［枝橘］えだたちばな
枝に実った橘。一見写実的にも見えるが、実の表現はやはり決りどおりだ。華麗な光琳水に葦を添え、京友禅の優美さを伝える作品。手描き友禅一越地着物。

南天文《なんてんもん》

日本において吉祥の植物とされたのが南天。赤南天と白南天があり、冬に果実をつけるめでたい花木として正月の床にも飾られる。もともと実は咳止め薬、樹皮や根は胃薬として使われていた。毒を消す力もあるとされ、重箱の赤飯の上には南天の葉を添えてきた。したがって文様としての南天も吉祥文である。南天が〝難を転ずる→ナンテン〟であるから吉祥という説もある。

［南天］《なんてん》
南天は赤い実の艶やかさと縁起のよさで、一般家庭でも好んで庭木としてきた。あたかも庭の南天木を写したような絵画的文様。背後に霞文を配して立体感を出している。手描き友禅紋綸子地着物。

［南天に小鳥］《なんてんにことり》
実をついばむ小鳥と南天は、しばしば見られる組合せである。吉祥文とはいえ南天文はやはり冬の衣裳に用いられることが多い。型染錦紗地着物。

桃文《ももん》

桃は中国伝説に由来して吉祥文となった。古代、桃は邪気を祓う力を持つ霊木とされ、桃の木で作った弓や桃の枝で悪霊悪鬼を祓う風習があったという。日本に伝わって同じく鬼祓いに桃弓や桃枝が用いられた。また有名な「西王母《せいおうぼ》伝説」もある。崑崙《こんろん》山中、仙女・西王母が棲む地には桃の木があり、三千年に一度実が成り、これを食べると不老不死でいられる。西王母は漢の武帝にこの桃を贈ったという伝説である。こういうところから桃、ことに桃の実は吉祥文となったのだが、衣裳文様としては用いられることは少ない。日本人独特の季節を表わす植物としてより、中国思想をふまえての吉祥文としての用い方である。

丸に桃

［桃］《もも》
これは竹林を背景に実った桃を配する、珍しく季節感のある写生的な桃の文様である。春の雛祭りの桃花、夏の桃果と、吉祥を離れて季節の自然を愛で文様としてとり入れてもよいではないか。型友禅絽地帯。

［桃］《もも》
こちらは上と違って、中国風雷文を帯状に配し古木を思わせる桃の木と、西王母伝説を思わせる吉祥文様。桃形をした和菓子を「西王母」と銘するように、西王母は桃の代名詞。手描き友禅一越地黒留袖。

鶴亀文《つるかめもん》

松竹梅が植物による吉祥文とすれば、動物の吉祥文は鶴亀によって表わされる。鶴は千年、亀は万年といわれるように長寿延命の象徴であり、また鶴は姿美しく、亀の形は印象的である。この二種をとり合せて瑞祥とする考えは平安時代から見られる。面白く鶴亀文を縁起物として用いたのは江戸時代の庶民で、願い事の呪文に「ツルカメツルカメ」と唱えたように、祝い着に、婚礼調度品に、また暖簾や風呂敷といった生活用具にまで幅広く鶴亀文をとり入れた。単に鶴亀の姿を写すだけでなく、鶴は菱文、丸文としても、また亀は亀甲という形でも表わされる。

[竹梅に鶴亀]《たけうめにつるかめ》
やはりめでたい竹、梅が生える地に鶴と亀が遊ぶ、絵画的な文様。亀は尾が藻のように伸びた「蓑亀」で、長寿をさらに強調する。古典的な趣の文様で、礼盛装に。手描き友禅紋綸子地着物。

[松に鶴亀]《まつにつるかめ》
枝松をはさんで鶴が空を飛び、蓑亀が這う文様を金糸で刺繍。鶴の上には三日月がかかる。着物、帯からこのような半襟まで、幅広く鶴亀文はとり入れられた。

松竹梅鶴亀文《しょうちくばいつるかめもん》

吉祥文を数種組み合わせてめでたさを高める手法は、礼盛装によく見られる。宝物を集めた「宝尽し」もその意図だが、松竹梅鶴亀文も最上級の吉祥を表現する意図。鶴と亀の組合せ、松竹梅の組合せを合わせて表わす。ここでは的確な例がなく紹介できなかったが、松竹梅鶴亀文の原型に「蓬莱《ほうらい》文」がある。中国の伝説に三神山があり、そのうち蓬莱山は不老不死の仙人が棲む理想郷という。これを日本的に解釈したものが蓬莱文様。松竹梅が繁り、鶴亀が遊ぶ郷と考えた。文様としては波に浮かぶ島として表現され、松竹梅の生える嶮崖を亀が背負い、鶴が舞う意匠もある。婚礼祝いの飾り物の嶋台に今もその文様の名残を遺す。

［松竹梅鶴亀《しょうちくばいつるかめ》］
流水に図案化した松竹梅を配し、飛鶴と蓑亀でめでたさを表わす。二枚重ねの表着としてふき綿を入れて仕立てられたもので、婚礼衣裳または盛装だったようだ。手描き友禅に刺繍をほどこした平絹地表着。

［松竹梅鶴亀《しょうちくばいつるかめ》］
やはり二枚重ねの表着で明治時代初期のもの。この時代はまだ盛装には重ね着が一般であった。手描き友禅。

松喰い鶴文《まつくいづるもん》

松喰い鶴文の歴史は実に長い。古代オリエントには鳩などの鳥がオリーブの小枝やリボン、真珠などをくわえる含綬鳥文や咋鳥文が見られ、これは生命復活の印であった。やがて中国に伝わり、正倉院御物にも遺る花咲く小枝をくわえる鳥の「花喰い鳥文」となった。鳥は鸚鵡、鳳凰、鴛鴦、鷺鳥、尾長などで、鶴はわずか。花枝も日本にはなじみないものである。平安時代後期、文化の和風化とともに人々の美意識に添ったなじみのある鶴となり、若松をくわえて飛ぶ姿に和様化が定着した。この松喰い鶴文は藤原文化の代表的文様として様々な分野で用いられ、近世、近代になっても途切れることなく吉祥の印として愛好されている。

［松喰い鶴《まつくいづる》］
平安時代後期に大人気となった松喰い鶴文は、近代でも婚礼衣裳によく用いられる。生え出たばかりの根付きの若松をくわえた丹頂鶴。飛び立つ美しい姿を文様にして、新しい門出にふさわしい。地は雲立涌の有職文。松喰い鶴も当然、有職文であった。綾織に刺繍の帯。

［向い松喰い鶴《むかいまつくいづる》］
向い鶴は菱形に意匠して能装束の文様になったりもしており、吉祥文としても格の高い文様である。有職の亀甲文を地として、松喰い鶴を向い合せに。さらにめでたい橘を配して。

［向い松喰い鶴《むかいまつくいづる》］
上の丸帯に同じく織り出されており、こちらは向い鶴を上からとらえた意匠。常緑の松、特に清々しい生命力に満ちた若松と長寿の瑞鳥の鶴の取合せは、今後もすたれることのない吉祥の証だろう。

鴛鴦文《おしどりもん》

ともに上代裂の文様にも表われているが、吉祥の鳥として盛んに用いられるのは江戸時代になってから。鴛鴦は姿美しく羽色も見事な水鳥。「鴛鴦《えんおう》の契」というように雌雄が仲むつまじく、夫婦和合の印として小袖に、そして能装束にも意匠された。現代でも婚礼の場の留袖や振袖によく用いられる。

尾長鳥文《おながどりもん》

一方、尾長鳥文は、別に特定の種類の鳥を指すわけではない。同名のオナガや尾長鶏ではないのだ。尾の長い、姿の美しい鳥の意味で、鳳凰に代わるものとして、鳥一般を理想化、抽象化してできた文様。華やかな吉祥文として礼盛装に用いる。

[鴛鴦《おしどり》]
水面に遊ぶ一対の鴛鴦。ひときわ羽の美しい雄(鴛)と雌(鴦)がむつまじく寄り添う姿が鴛鴦文の定番。近年は鮮やかな絵画的表現が多い。型友禅に刺繍をほどこした紋綸子地着物。

[尾長鳥《おながどり》]
牡丹に遊ぶ鳥の姿だが、特定の鳥を写したものではない。長い見事な尾を持ち羽色鮮やかな尾長鳥をイメージし、その装飾性で吉祥を意図したもの。織り帯。

鯉の滝昇り文《こいのたきのぼりもん》

意匠化した荒磯文ほか鯉をモチーフにした文様は多々ある。鯉文は中国が発祥だが、日本でも鯉自体を愛玩し、文様としても定着したのだろう。特に「鯉の滝昇り」図は、急流を昇って龍になるという中国伝説から吉祥の図柄として特別視されてきた。江戸時代後期から明治時代には、武家や気っ風よい江戸っ子に好まれ、祝い着にもよく用いられた。

［鯉の滝昇り《こいのたきのぼり》］

この文様は激しい滝しぶきと跳ね上がる鯉が意匠されている。滝を昇りきると龍と化す鯉はまさに出世の魚。文様としては前途を祝す祝賀の意味となる。絽の織り帯。

龍鳳凰文《りゅうほうおうもん》

古く飛鳥・奈良時代、想像・架空の動物が文様として渡り来った。龍と鳳凰である。ほかに美女の頭を持つ「迦陵頻伽《かりょうびんが》」などがあるが、日本には根付かなかった。同じく麒麟は、実在のキリンとは別物の、想像上の瑞獣である。これら想像の動物は中国思想を体してそれぞれの徳を象徴し、中国でも日本でも吉祥の文様であるが、日本に最も深く根付いたのは第一に龍であり、次いで鳳凰であろう。吉祥を重ねて最上の瑞祥を表わすものとして龍鳳凰文は用いられる。

［龍鳳凰《りゅうほうおう》］龍は万能の力を持つものとして天子、皇帝を象徴し、日本でもその意は受け継がれた。鳳凰は逆に皇后を象徴するものだった。これは駆ける姿の龍「走龍」と、華麗に舞う鳳凰を対にした文様。瑞雲も配して中国風な趣を見せる吉祥文。龍に雲は付き物である。織り帯。

鳳凰文《ほうおうもん》

鳳凰は中国の古代伝説によれば、有徳の天子の下、天下治まれば現われる瑞鳥とされる。鶏や孔雀、獣を合体させた架空の鳥で、優美な姿態が吉祥性を高める。正倉院御物にも鳳凰文は見られる。平安時代になっても大切な文様とされ、「桐竹鳳凰文」は天皇が重要儀式のときに召す袍《ほう》の文様とされてきた。江戸時代になっても優雅な吉祥文として人気は高く、ことに女性に愛好され現在に続いている。

［鳳凰《ほうおう》］
中国でも鳳凰の姿は歴史とともに変わってきたが、日本においても同じである。鶏のような頭、鶴のような羽、孔雀のような尾羽と、完全に日本化された鳳凰文。縮緬地刺繡半襟。

［桐鳳凰文《きりほうおうもん》］
鳳凰は桐との組合せも多い。それは鳳凰が「桐の木に棲み、竹の実を食す」とされているからで、天皇の袍もそこに由来する。桐の花枝をついばむ向い鳳凰の意匠。縮緬地刺繡半襟。

龍文《りゅうもん》

龍は中国の代表的な文様で、殷・周時代から現われたという。龍の姿は「三停九似」といわれて首から肩、肩から腰、腰から尾までの長さが同一、そして九種の動物部分に似ているとされる。天上界に属する神獣と信じられたゆえに、元の時代からは天子の服に配する文様となり、龍の姿も爪の数も決められ、明、清とさらに龍文様に関する決め事は多くなった。日本では万能力を示す吉祥文としての意味は受け継ぎながらも、身分の象徴としての意味や規制は薄く、龍文に細かな決りもない。

[龍]《りゅう》
中国では皇帝以下、一、二位の皇族の龍文につくいわゆる五爪龍で、回りに配された剣を連想させる山は「嶮山（けんざん）」といい、中国的な龍の意匠。変り織地に手描きの帯。

[応龍]《おうりゅう》
日本ではあまり区別のない龍文の意匠でも、翼を持った龍を「応龍」という。龍は五百年で角を持ち、五千年で翼を持つとされる。女性が龍文を身につけるようになったのは大正時代頃から。卍繋ぎの織に雲龍を刺繍した帯。

熨斗文《のしもん》

熨斗は本来、鮑《あわび》の肉を薄く長くはいで、筋状に引き伸ばし乾したもの。儀式の酒肴に用い、のちに祝事の進物、飾りとし、熨斗鮑と呼ばれた。現代ではこれを簡略化した包み熨斗、印刷の熨斗袋などを身近に用いている。熨斗文はこの熨斗鮑を意匠化したもので、細長い紙状を束ねた形。めでたい席に使われるものゆえ、吉祥文として江戸時代より小袖や振袖に用いてきた。束ね熨斗文、束ねた熨斗が暴れ乱れている暴れ熨斗文がある。束ねた形を輪に見立てて紋章にも使われる。

［熨斗］《のし》

吉祥の松梅鶴に大胆に熨斗を配した文様。この熨斗は熨斗鮑の原型に比較的近い。型友禅に刺繡をほどこした縮緬地着物。

［束ね熨斗］《たばねのし》

実はこれは175頁の「小袖幕」着物で綱に掛けられている小袖の意匠で、華麗な束ね熨斗文様。江戸時代から熨斗文は人気の文様だった。

宝尽し文《たからづくしもん》

中国では数に縁起を求め、時代によって七、八、九と違うが、富や福を象徴するめでたい物として、七宝、暗八仙、八宝などの考えが生じている。七宝は金銀以下七つの玉、暗八仙は八仙人の持ち物、八宝は仏教で吉祥とされる法具や荘厳具。後には雑八宝として珊瑚、丁字《ちょうじ》、方勝、七宝、角杯、火焔宝珠、厭勝銭、銀錠がとり上げられている。日本の宝尽しはこれらを日本風に置き代えて、室町時代末から吉祥文として定着してきた。長く用いられている意匠だが、時代や地域、階層によって内容はかなり異なる。

［宝尽し《たからづくし》］
奈良・興福院(こんぷいん)に「若松に宝尽し文」掛袱紗がある。この型友禅はそれを写し、アレンジしたものと思われる。七宝、分銅、宝珠、打出の小槌、巾着、筒守それに隠れ蓑と隠れ笠が見える。蓑と笠はこれをつければ姿を消すことができる。

丁子

［宝尽し《たからづくし》］
上から宝鍵、七宝、宝珠、丁字、打出の小槌に宝巻、珊瑚、分銅、隠れ蓑。七宝（輪違い）は、その名前ゆえ宝尽しの一つに入れられる。丁字は香辛料のクローブで、古くから使われていた。繻子地に刺繍の帯。

［打出の小槌《うちでのこづち》］
打てば欲しい物が手に入り、望みがかなうという小槌。また福の神大黒天の持ち物であり、敵を討つという縁起もあって、宝尽しの一つにしばしば登場する。紋章にも用いられている。緞子地に刺繍の帯。

［宝尽しの丸《たからづくしのまる》］
松竹梅を交えながら、宝尽しで丸帯一本を埋めている意匠。丸文に入れた打出の小槌、隠れ蓑、分銅が見える。松竹梅に宝尽しのめでたい吉祥文。

［宝尽し《たからづくし》］
王朝風に松に御所車、源氏車を意匠しながら、間は宝物ばかりで埋めており、富と幸に恵まれるようにとの願いがあふれる丸帯。宝物は珊瑚、宝珠、隠れ笠、宝巻、隠れ蓑、打出の小槌、分銅、七宝がびっしり織り出されている。

〔宝尽し《たからづくし》〕

これらの文様は全て、一本の丸帯に織り出されたものである。龍頭鷁首の船を中心に、天上、海底の繁栄栄華を表現する意図のようで、どうも動物報恩の「浦島伝説」が根底にあるようだ。あちこちに宝物が配されているが、むしろこれは帯全体が宝尽し。

宝船

庶民の宝尽し

時代が下がって、明治、大正、昭和になると、宝尽しの意匠も様相が変わってくる。日本的ではあっても従来の説話伝説、仏教、有職に基づいた宝物に対して、もっと身近な縁起物が登場するのだ。町人層が富と力を増し、ことに商人が活発な行動力、経済力を示すようになると、商売繁盛、子孫繁栄を祈る気持ちが文様にも明らかに表われる。こんな庶民の宝尽しは地元の神社の祭礼や年越し・新年の行事にちなんだものが多い。これらの縁起物は暮しの様々な場面で見られるが、もちろんきものにも、いきいきととり入れられている。

［福笹《ふくざさ》］
正月参拝で神社からいただき、開運、繁盛、来福を祈って飾る福笹は、神社ごとにいわれがあり、形も違って面白い。もったいないがそれを縁起よく文様にしている。大阪・住吉大社の住吉踊りの縁起物と、福笹を。「商売繁盛、笹もってこい」。型染の羽二重裂。

［お多福と宝《おたふくとたから》］
以前からの宝尽しである宝鍵、丁字、宝巻、宝珠、打出の小槌、七宝、隠れ蓑、分銅に、新顔はお多福と箕。縮緬地刺繍半襟。

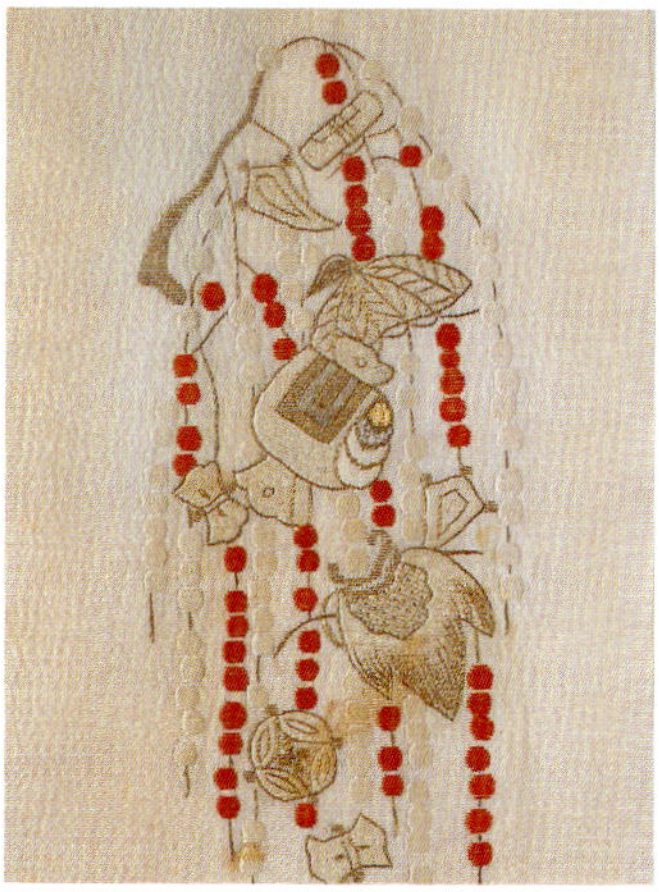

［正月飾り《しょうがつかざり》］
柳などの枝垂れる枝に餅花をつけた正月飾りは関西でよく見られる。さらにおなじみの宝尽しもぶら下げてお飾りとしたところを文様に。これも半襟で、特に正月に掛けたのだろう。

［熊手に箕《くまでにみ》］酉の市の賑わいを見るようなにぎやかな絵柄。熊手で福とお金をかき集め、箕で受けるという意味で、熊手と箕の組合せは縁起物。酉の市では熊手を大仰に装飾し、開運、商売繁盛の縁起物として市が立つ。正月飾りの餅花と鶴も添えての庶民版吉祥文様。羽織裏にした型染錦紗裂。

［お多福《おたふく》］

［熊手と寿字《くまでとじゅじ》］

この二点は、一本の半襟の右と左に刺繡され、対となっているもの。「おたふく」は丸顔、鼻が低く頬ゆたかな女面。阿多福と当て字されて縁起物になったという。左の熊手と箕は福を集める、そして祝文字の寿。朱で「大入」とも刺繡され、客が入るよう願う商家の女房か芸能関係者向けだったか。

金袋

槌

寿字文《じゅじもん》

文字通り「寿《ことぶき》」を文様とする。漢字発祥の中国では文字は意味を持って構成されているが、寿は「老いるまでの長い年月」を意味し、最上の喜ばしい文字である。このような吉祥文字の思想は日本にも伝わり、文字を大きく配した衣裳も江戸時代には見られる。吉祥の文字はほかに、吉・福・喜などであるが、近代のきものにはあまり見られず、祝いの場にまた自身の長寿の歳祝いに「寿」字を用いることがある。

［百寿字《ひゃくじゅじ》］
あらゆる篆書(てんしょ)体を用いて「寿」を百字連ね並べたものを「百寿字」と呼び、限りなくめでたいものとされる。篆書は中国では霊力を持つと考えられ、百は「豊富」を意味するからだ。これは掛袱紗だが、帯にも展開できる。

［寿字《じゅじ》］
寿の字を様々な書体にしたり、あるいは書法を離れて文様化されることもある。これは三種の書体で寿を刺繍している帯。寿の祝いに身につけたか、またこのくらい柔らかい書体なら祝いの席、新年と広く用いることもできる。

その他の文様

［桔梗色縮緬地大名行列文着物］

上代裂うつし《じょうだいぎれうつし》

上代裂の美しさが再認識され、きものに、そして広い分野に文様として応用されるようになったのは、昭和になってからだ。東大寺・正倉院に伝存する正倉院裂と、法隆寺に伝わった法隆寺裂を主にする、奈良時代八世紀の上代裂は、長く蔵の奥深くしまわれ一般の目には触れなかった。また上代裂は大陸風、唐風色が強く、平安時代以降の文様の和風化の流れの中で次第に忘れられていった。そして明治の初め、正倉院は開封、点検され、一部展示もされた。明治時代中期からは定期曝涼の際には参観も許されるようになると、染織関係者、研究者が関心を向け、復元を志す者も現われた。こうして近年、古くて新しい文様として上代裂は「うつし」、また「くずし」として我々の身近にある。

［狩猟文《しゅりょうもん》］
法隆寺「四騎獅子狩文錦」、正倉院「緑地狩猟文錦」など、上代裂には狩猟文がかなり見られ、狩猟民族である西方の文化がシルクロードを経て中国へ、そして日本へと渡ってきた香りを遺す。これは法隆寺の「獅子狩文」を一騎だけにして写したもの。

［狩猟文《しゅりょうもん》］
上と同じ意匠ながら、より微細に色合いも変化させているのが面白い。丸を縁取る珠の意匠を「連珠文」といい、「樹下動物文」「唐草文」とともに上代裂の代表的意匠。織り帯。

［唐花文《からはなもん》］
理想的な花「唐花」は宝飾的要素を加えて形式化していった。これは正倉院裂の数種の「唐花文錦」をアレンジしたものだろう。こうして上代裂は新鮮なデザインとして現代によみがえり、気づかぬうちに身につけていることもある。織り帯。

［長斑錦文《ちょうはんにしきもん》］

上代裂の研究、復元には京都・中京区の染織業者の力が大きく寄与している。龍村平蔵氏もその一人であり、織組織の解明に力を注いだ。今も「龍村美術織物」として製作が続けられている。これはそこの製作で、正倉院裂「花鳥文長斑錦」を復元した帯。上代裂うつしは、帯のほか袋物に、室内装飾に用いられている。

有職文うつし《ゆうそくもんうつし》

平安時代中期、日本文化は唐風を脱して和風化への波がうねり始めた。貴族たちの服装も従来の礼服から男性は束帯《そくたい》へ、女性はいわゆる十二単《じゅうにひとえ》が盛装となった。これらの生地は全て単色の織物であり、複雑な文様がないだけに「襲《かさね》の色目《いろめ》」として色合せを大切にし、また織り地の文様が大きな要素となってきた。有職文というのは、この公家装束に使われていた織り文様を、近世になって区別して呼ぶようになったもの。装束以外に調度品にも用いられ、位階家格によっても異なる。近代以降も、この有職文を基に変化させ、色彩の要素を加えて、文様として意匠化されている。

[七宝文]《しっぽうもん》

紡錘形の円を四つ結び合わせた意匠。これを一単位として、このように連続してつなぎ合わせた文様を「七宝繋ぎ」という。有職文は織り文に発したところから幾何学文が多く、七宝も曲線を割り付けた幾何学文。

[破れ七宝]《やぶれしっぽう》

七宝繋ぎが途中、中断している。七宝は紡錘形の中に他の文様を入れることが多く、ここでは花菱を配している。なお七宝文は宝尽しの「七珍宝」とは直接の関わりはない。

［小葵《こあおい》に蝶丸《ちょうのまる》と鸚鵡丸《おうむのまる》］

「小葵」「蝶丸」「鸚鵡丸」ともに有職文。小葵は銭葵の葉を襷状につなぎ、本来は中に花が入る。蝶や鸚鵡は奈良時代から見られるモチーフ。楊柳地刺繡半襟。

［八つ藤《やつふじ》］

「藤の丸」ともいう。平安時代、藤は観賞対象としても貴ばれ、藤をモチーフにした文様が藤原貴族の紋となったのも当然であろう。八つ藤はその代表であり、これはそれを正しく写したもの。型染塩瀬地帯。

［向い鸚鵡《むかいおうむ》］

鸚鵡文は上代裂の中にも見られるが、異国的な上代裂とは自ずから異なる鸚鵡の表現となってきた。美しい姿態なので現代まで長く愛好されてきている。紗袋織り帯。

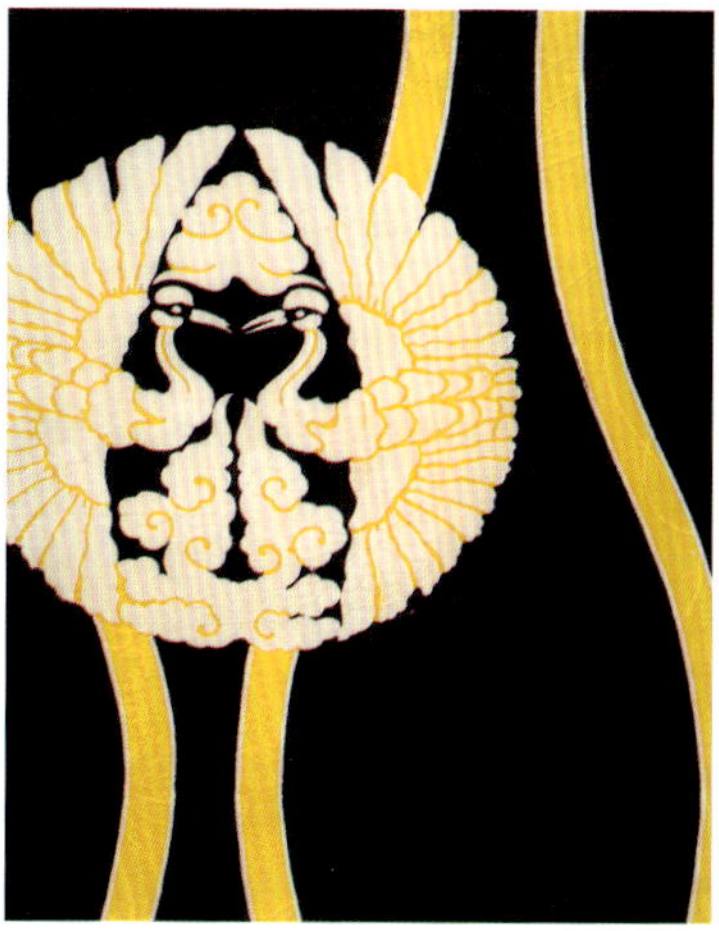

［立涌《たてわく》に雲鶴《うんかく》］

「立涌」「雲鶴」ともに有職文。雲鶴文はちぎれ飛ぶ雲(瑞雲)と飛び鶴(瑞鳥)を組み合わせた文様で、貴族でもごく位の高い層の装束につけられた。これは雲鶴を向い合わせにし、丸文に構成している。型染紋綸子地帯。

立涌文《たてわくもん》

これも有職文である。武家社会となると公家の力は衰え、装束に格式を求めることも無理となる。それゆえ有職文様は明確に示されることが少ないが、前頁に紹介したもの、また別項の「菱文」「亀甲文」も有職文として用いられ、ほかに明らかなのは「窠に霰《あられ》文」「鳥襷《とりだすき》文」などである。立涌文も有職文の代表的なものであるが、湧き立つような縦の曲線をシンメトリーに配した簡潔な文様なので、近代でも地紋柄をはじめ様々な意匠で用いられてきた。

［破《やぶ》れ立涌《たてわく》に花菱《はなびし》と菊唐草《きくからくさ》］
立涌の中に菱形の花と菊唐草を配し、立ち消えになったような「破れ」の意匠になっている。立涌の外には「窠文」を菱形にしたような文様も配され、全体に有職文様の趣を表現しようとの意図がうかがえる。織り帯。

［破れ立涌《やぶれたてわく》］
立涌文が紋綸子地の地紋として使われている例。これは17頁の振袖の地紋で、この振袖には前身頃に菊立涌も配されている。立涌は二本の曲線の中に文様を配することが多く、その文様によって名称づけされる。

［破れ立涌《やぶれたてわく》に牡丹唐草《ぼたんからくさ》、菊唐草《きくからくさ》］
立涌は文様の区切りにも用いられる。立涌と更紗調の花形を友禅染し、上に牡丹、下は菊を唐草に意匠して刺繡したもの。縮緬地半襟。

［雲立涌《くもたてわく》］
立涌文の代表ともすべき文様。瓢箪状に連なった立涌の中に瑞雲が配され、有職文としては高位の人の装束に織られたという。雲のほかには波、笹、藤などを配した有職文がある。この帯は金糸で織り出されており、格の高さを表現している。

［海松立涌《みるたてわく》］
筆書きしたような立涌に、海藻を意匠化した海松文を配している。こうなると立涌文も洒脱な印象であり、現代でも浴衣のほか、型染によく用いられるのもわかる。絽地長襦袢。

名物裂うつし《めいぶつぎれうつし》

一五世紀初頭、室町幕府は中国・明との貿易を再開し、様々な絹織物が輸入されることとなった。時を同じく能楽や茶の湯が盛んとなり、これらの織物は能装束や茶器の仕覆、書画の表装などに用いられた。これが後に名物裂といわれる裂の源で、江戸時代中期以降は、極古渡り、中渡り、今渡り等と時代を分けて裂自体も名物として観賞してきた。名物裂の名称は、文様にちなむもの、持ち主の名、そして名物茶器の名によるものからなる。きものに関わるものは全て、それらの復元品かアレンジである。

［折枝文《おりえだもん》］雲州名物の棗（なつめ）の袋に使われている「騎羊人物椿梅折枝文様金襴」のアレンジ。名物裂で人物文はごく珍しい。蘇芳（すおう）色に金の四方連続文様の一単位を拡大し、自在に彩色して織り出している。名物裂と知らずとも、なかなかにユニークな文様である。龍村平蔵作の帯。

荒磯文《あらいそもん》

名物裂のうちで一般になじみのあるのは、荒磯文ではなかろうか。「ありそ」ともいい、鯉らしい魚が波の上に二方向等間隔で跳ねている「荒磯緞子」に由来し、小堀遠州が好んで用いたといわれ、人気が高まった。この荒磯緞子を基にした荒磯文は名物裂を離れて様々にアレンジされ、波に跳ねる鯉の文様を荒磯文と称するようにもなり、染め文様にもなっている。ただし名物裂は掛物の表装や茶入の仕覆、袱紗などに用いられており、アレンジ度の強いものはかまわないが、復元ものの帯などは、重なりを嫌う茶席では避けたほうが無難だ。

［荒磯］《あらいそ》
同じく龍村平蔵作で、緞子だった荒磯を金襴で織り上げている。波に鯉とはいっても名物裂の復元うつしならば、季節を問わず身につけられる。

［変り荒磯］《かわりあらいそ》
波に鯉の、荒磯文をアレンジして染め文様としている。アレンジはしていても鯉の動き、鱗の表現には確かに名物裂「荒磯緞子」の跡が残る。錦紗地単衣着物で、六月に着たもの。

その他の名物裂

名物裂の多くは、金襴、錦、緞子、モール、間道《かんとう》などの絹織物であった。名物裂うつしは、織り組織もそのままに写したものと、文様意匠を写したものがあることは前述のとおりだが、外国から来たものであっても日本の文様に大きな影響を遺しているのは確かだ。二色以上の色糸で文様を織り出した「錦」で知られているのは「有栖川錦」。他の名物裂と少々趣が異なって文様の直線による表現が特徴で、きものでは帯などにとり入れやすい。また間道といわれる縞、格子は現在でも斬新で、織り帯に復元され、また染の文様にも展開して愛好されている。

［有栖川錦《ありすがわにしき》］
これは何種類もあり、幾何学的な襷状の中に動物を織り込んだものが多く、いちばん知られるのはこのような変り襷に鹿の意匠。ほかには馬、雲龍などを配したものも遺る。帯。

［有栖川錦《ありすがわにしき》］
「有栖川」の由来は有栖川宮所蔵との説もあるが、定かではない。動物文以外に幾何学的な植物文もあり、中国の錦織の多彩さが感じられる。これは牡丹文の有栖川錦で、帯。

［有栖川文《ありすがわもん》］
樹下に向い鹿、向い鳥を一段ずつずらして割り付けている。樹の下に動物がたたずむ図は上代から続く意匠モチーフだ。織り帯。

［花兎と花唐草《はなうさぎとはなからくさ》］
名物裂に花兎文は何種かあるが、これはそれらをモチーフに写実的に意匠し、同じ形にまとめた花唐草と交互に並べている。染による表現と刺繍によるものを併合して。絽地帯。

［花兎金襴《はなうさぎきんらん》］
紺地に「花兎作土」を約束事にした名物裂の復元。作り土というのは兎の足下にある土壌の部分。この花兎の姿には二種あって、101頁右下の花兎は京都の豪商・角倉了以が愛好したところから「角倉金襴」と名づけられている名物裂のアレンジ。

［蜀江文《しょっこうもん》］
「蜀江錦」は、八角形と四角形をつなぎ、中に唐花などを配したものをいう。蜀江は中国・成都(四川省)を流れる川で、この地は古くから錦を産して日本にも輸出し、名物裂とされた。西陣でもこれを写して織るようになった。「破れ蜀江文に唐獅子」を染めた帯。

［牡丹唐草文《ぼたんからくさもん》］
「高台寺金襴」と呼ばれる名物裂の二重蔓牡丹唐草を写したもの。名物裂の文様としては一般的なもので、表装裂に、袱紗や袋物そして帯などにもよく用いられる。

［笹蔓文《ささづるもん》］
笹の細い蔓に松笠と六弁の花がついた唐草文。「笹蔓緞子」が有名ではあるが、非常に一般的な文様になっており、きものにも織に、染め文様にとよく用いられる。これは名物裂文様ばかりを集めて織り出した帯の一部。右も同じ。

［菱卍に梅鉢文《ひしまんじにうめばちもん》］
名物裂「藤種緞子」の復元裂。やはり茶人に人気が高く、仕覆や表装裂として織られており、袱紗、さらに帯にまでと広く用いられる文様。

［花唐草龍文《はなからくさりゅうもん》］
侘び茶の先駆、村田珠光（じゅこう）所持といわれる「珠光緞子」の復元を試みたもの。唐草に三爪の龍を組み合わせている。

［七宝繋《しっぽうつな》ぎに宝尽《たからづく》し］

今井宗薫にちなんだ「宗薫緞子」の復元裂。七宝（輪違い）の中に宝珠、霊芝雲、宝巻、宝剣などの宝尽しと梅鉢文を入れ込んだ意匠。位の高い茶入の仕覆に使われた。

［糸屋風通《いとやふうつう》］

名物裂「糸屋風通」の文様うつし。風通は地と文様が反対の色で表わされる二重織。幾何学文の「算くずし」を地に、円文を配して中に輪宝を織り出す文様を正確に写している。帯。

［舟越間道《ふなこしかんとう》］

持ち主にちなむ名の名物裂。浮織が横に帯状に入るのが特徴。間道は名物裂には数々あり、鎌倉、弥三右衛門、日野、青木、望月間道などの縞、格子織物、また横縞に厚く真田を織り出した吉野間道などは現代でも新鮮で、様々な用途に応用されている。

各種染め手法による文様

上代の染め技法は夾纈・臈纈・絞纈の三纈と摺染だったといわれるが、その後は途絶え、絞り染が中世になって発展するくらいだった。きものの文様は織物、刺繍、そして友禅染へと技法の主体が移るとともに変化してきたともいえる。そして明治から大正、昭和にかけて製作され残されたきものは、染を見れば手描きと型、もしくは二方法併用の友禅染が圧倒的に多い。しかし産地を限って見れば独特の染め手法で作り続けられたものもある。その一端を紹介する。

［小紋型染《こもんかたぞめ》］
柿渋を塗った和紙に型を彫り、この紙型を使って染める型染は、型友禅、沖縄の紅型、和更紗などがあるが、幅一五センチほどの短い紙型を使い、小さな単位文様を表わす染を、小紋染と呼んでいる。いちばん有名なものは「江戸小紋」。これは江戸小紋の数種の型と型絵染を石畳状に配したもの。江戸小紋の一色染と更紗風の多色染の対比が面白い。

微細な点が構成する無限の文様世界、小紋は室町時代以来、武士の衣服に用いられ、江戸時代中期以降は町人にも用いられた。遠目では無地に見える細かな柄を競い合い、実に多様な文様を作り出してきた武士の裃小紋は、粋な渋さを好む江戸町人層にも愛好され、判じ物のような柄も生まれた。一般に代表的な小紋柄は、鮫小紋、角通し、丸通し、霰、鱗などの幾何学的なもの、松葉、亀甲、むじな菊、麻の葉などの割付け柄、千筋や万筋の縞柄、それに自然の動植物や日用品までがモチーフになっている。ちなみに「江戸小紋」の名がついたのは昭和二九年、無形文化財に指定された時で、多彩色の小紋染と区別された。左に紹介するのは生地見本の「小紋帳」からである。

［鮫小紋］《さめこもん》

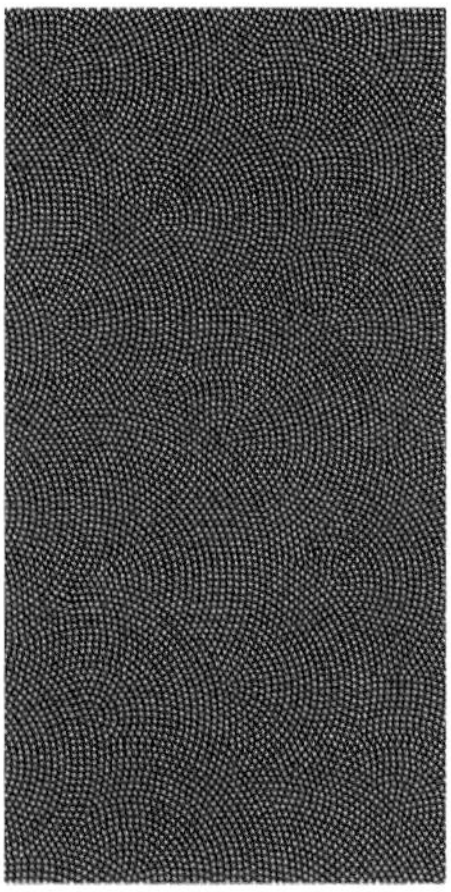

［江戸小紋］《えどこもん》

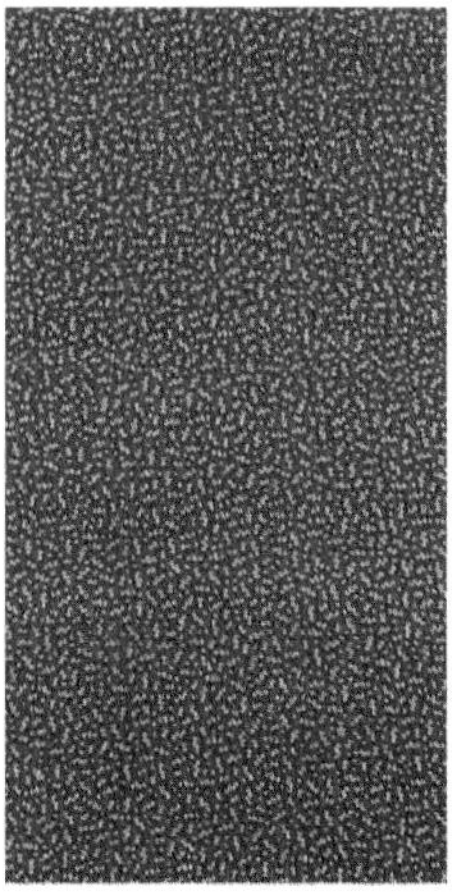

［江戸小紋］《えどこもん》

［江戸小紋］《えどこもん》

［江戸小紋］《えどこもん》

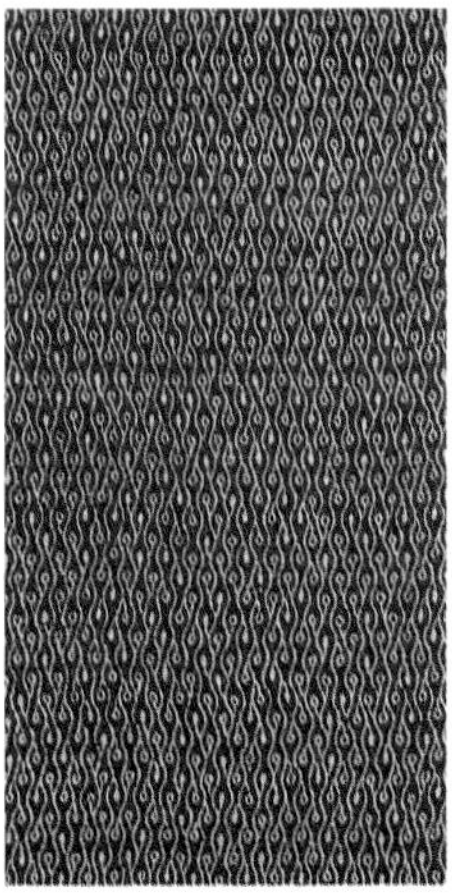

［大小霰小紋］《だいしょうあられこもん》

紅型《びんがた》

［牡丹、梅に雪持ち笹《ぼたん、うめにゆきもちざさ》］
沖縄の紅型は色鮮やかな染物ばかりではない。沖縄の方言「びんかた」に紅型と当て字したといわれ、このような藍型（えーがた）も含まれ、藍も産する。縮緬地帯。

［山水風景《さんすいふうけい》］
近年は紅型独特の文様、型染の手法に魅せられて、沖縄以外でも紅型を製作する染織作家が出ている。従来の花鳥風月調の文様に新しい意匠も加わってきた。縮緬地帯。

［梅に竹《うめにたけ》］
紅型特有のきっぱりとした意匠は、突彫りした型紙によるところが大きい。また刷毛ですって色を均一にする刷込み、ぼかしをつける隈擂り（くまずり）の手法で明るく鮮やかな色に仕上げる。塩瀬地帯。

［松竹梅《しょうちくばい》］
松竹梅でも友禅染によるものとの区別は明確。松笠で松を意図しているのが面白い。隈擂りで巧みに立体感を出している。縮緬地帯。

更紗《さらさ》

［更紗］《さらさ》
現代では一般に、異国風な染め文様の布を更紗と呼んでいるが、本来は近世初頭に南蛮貿易によりインドなどからもたらされた染木綿を指した。「さらさ」の名も外来語によるという。江戸時代後期以降も輸入されてきたが、これは昭和初期に渡ってきたものを帯に。

［更紗］《さらさ》
更紗の技法は手描き、木型や銅版による型染、そしてロウで防染する方法と多彩。これは昭和初期に輸入された更紗だが、それらの技法を使って華やかな文様にしている。決まった文様があるわけではなく、輸出先の好みに応じて産地では工夫したという。

［和更紗］《わざらさ》
鮮やかな色調と斬新なデザインの更紗に影響され、日本でもこれを模して堺、京、鍋島、天草などで更紗を染め、これらは和更紗と総称される。日本産は独特の版木を使う鍋島以外は次第に紙型を使い、友禅染によるものも現われた。また絹、紬などにも染めている。

［金更紗］《きんざらさ》
インドやインドネシアの更紗には染の上に金箔や金泥で金彩したものがあり、金更紗、印金更紗と呼ばれる。華やかさとともに重量感を増し、帯に仕立てても絹織物に比肩できるが、あくまでも趣味のものである。右の紬帯以外は全て木綿地。

絞り染《しぼりぞめ》 墨流し染《すみながしぞめ》

上代の三纈のうち纐纈は中世まで生き残り、絞り染の技法は幻の染織といわれる辻が花にもとり入れられている。文様になる部分を一つ一つ糸で括ったり、縫ったりしてから染め、文様を表わす絞り染は、手先が器用で根気よい日本人向きといえるだろう。中でも最も精緻で手のこんでいるのが「鹿の子絞」で、子鹿の背にある模様に似た小さな白い斑点が四方に連続する。匹田鹿の子は、鹿の子の技で生地を隙間なく絞ったもの。気の遠くなるような手間と技が必要で、大流行した江戸時代前期には「総鹿の子」は奢侈禁止令の対象となった。近代では着物はもとより長襦袢に帯揚げに用いられている。

［匹田麻の葉］《ひったあさのは》
鹿の子絞で麻の葉文を構成。鹿の子絞は、面を埋め、括り目を連ねることで自在に文様展開できることも魅力。紋綸子の長襦袢で、鹿の子絞は綸子地を用いる。

［鹿の子絞］《かのこしぼり》
江戸後期から昭和初期まで、鹿の子絞は振袖に用いられることが多かった。高価なものだが、礼服には用いず洒落着に限るという考えもあったが、現代では盛装にも用いている。

[南部絞り染]《なんぶしぼりぞめ》

京鹿の子絞が絹物なのに対し、木綿の絞り染は有松・鳴海絞や南部絞があり、現在も技術伝承の努力が続いている。南部絞は紫草の根(紫根)からとった染料で染める。昭和になって茜染も見られる。

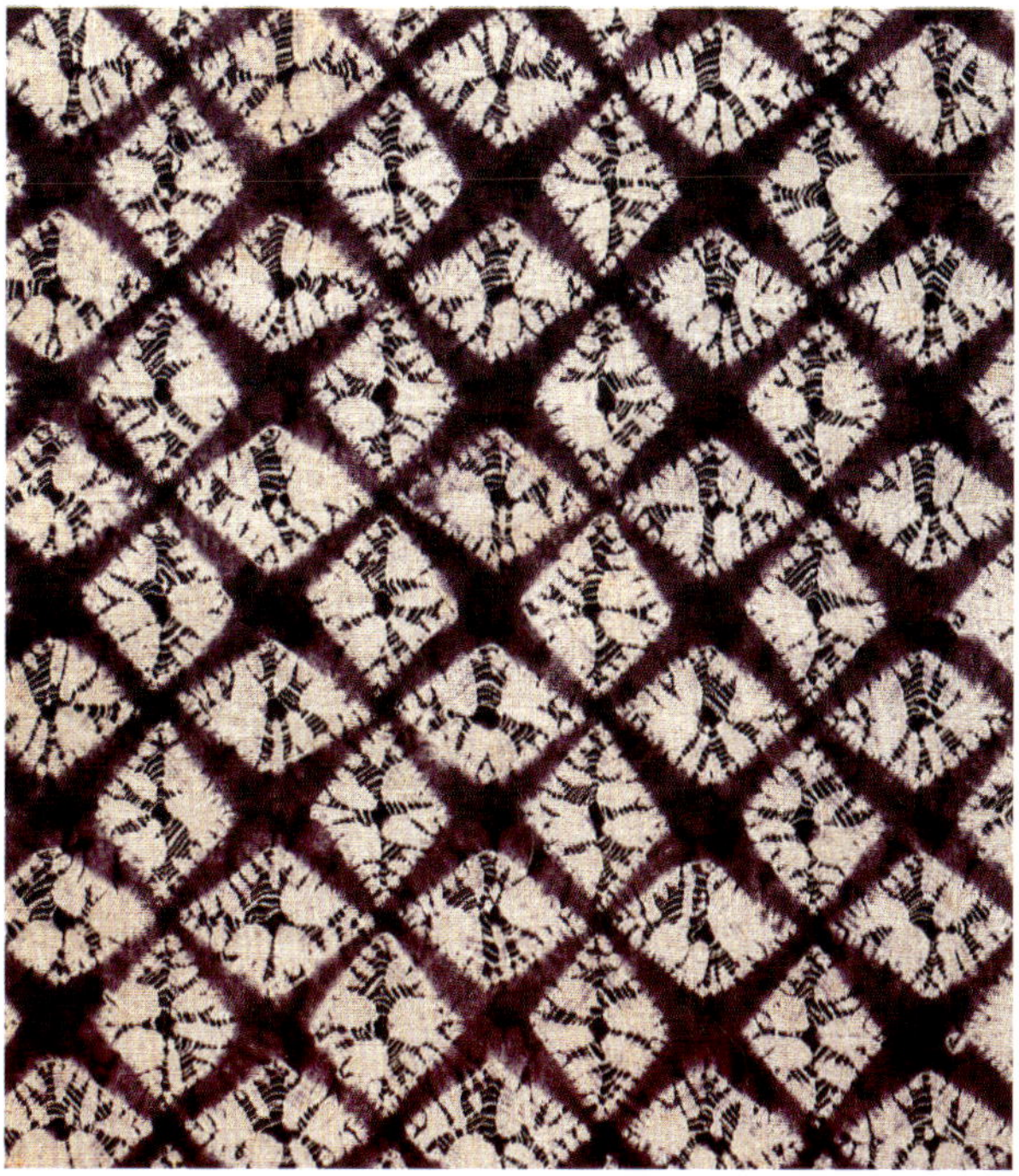

[墨流し染]《すみながしぞめ》

水面に墨汁や顔料を流して混ぜ、できた波文状の模様を布に移し染める。元来、料紙のための技法で、平安時代から行われていた。きもの地に応用したのは明治時代後半。現代では趣味性の強いものとして珍重される。

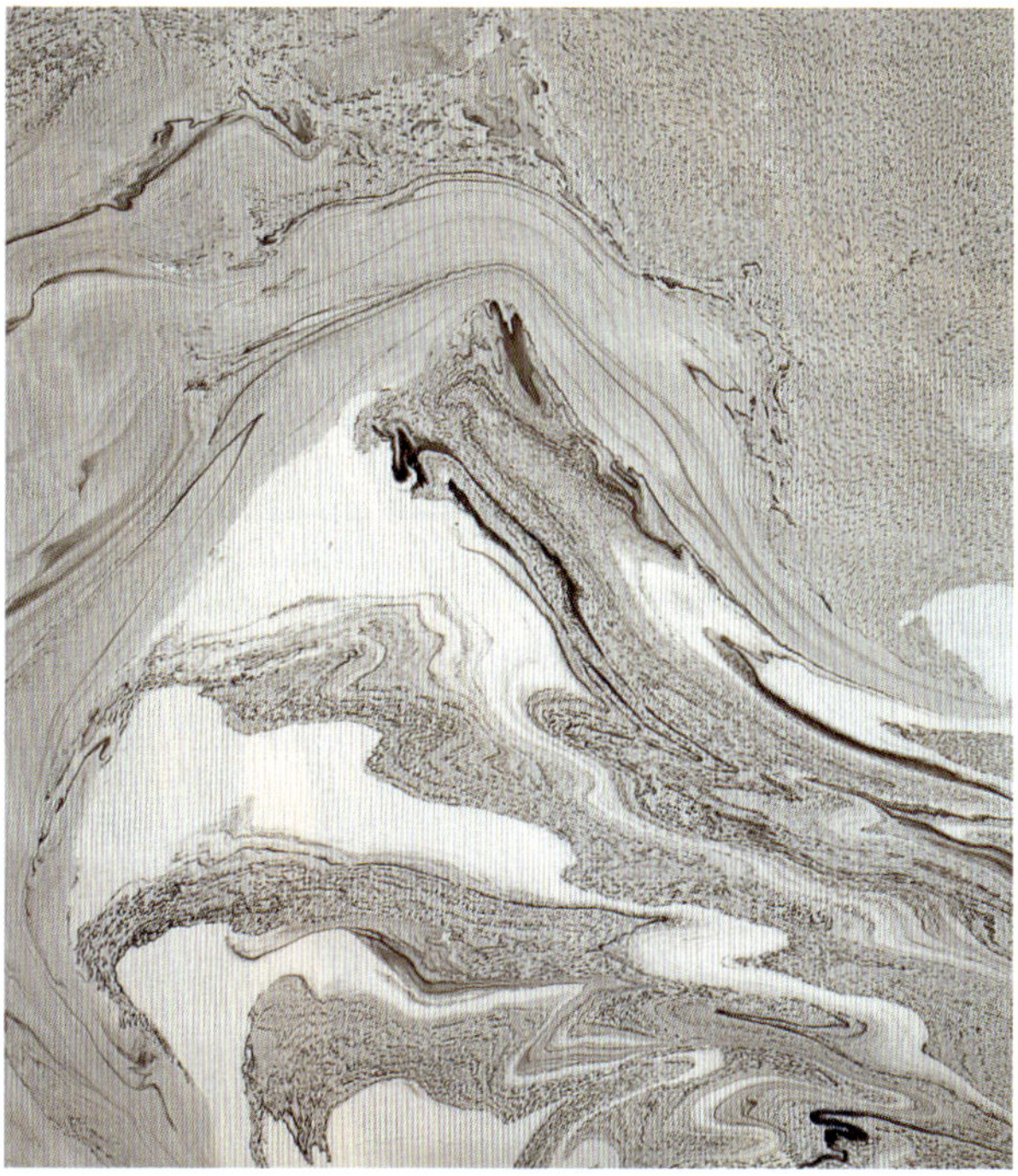

斬新意外な意匠

大昔から奇抜な意匠というのはあった。縄文、弥生時代の石器にも今見ても面白いものがある。戦国の武将は陣羽織や兜に個性の表現として大胆な文様を用い、「傾《かぶ》く」装いも見られる。江戸文化の爛熟期となると、町人たちは役者文様や判じ絵、悟り絵、見立ての小紋を流行らせた。こうした流行はもっぱら女性が生み出し、文様にも意外性を求めるような意匠を用いた。他者と違ったお洒落をしたいのは、今も変らぬ女性心理だろう。そんな気持ちを秘めた明治、大正、昭和の意匠の数々を紹介しておく。

［成り物《なりもの》］
明治も半ばを過ぎると、従来の定型化した文様から絵画的表現が急速に増えていった。染織技術の発達がそれを支え、要求に応える職人も健在であった。呉服屋が百貨店へと衣替えし、集客を競った。洋画の影響を受けたような絵画的な意匠は昭和初期のものであるが、時代の風が感じられる。成り物＝果物・野菜は、女性ならではの意匠だろう。羽二重地染め帯。

［成り物］《なりもの》
成り物文様は江戸時代からの文様形式だが、自由に描かれるようになったのは、やはり近年のこと。人参、蕪、瓜、茄子などを手描きし、刺繡を加えた絽の帯。

［蕪］《かぶ》
畑から抜いたばかりのような蕪。蕪の肌のひび割れすらリアルに描かれているが、蕪は近世以来の吉祥文様。型友禅に刺繡も加えた縮緬地帯。

［蓮根と茄子］《れんこんとなす》
上の袋帯の前帯部分。蓮根の節に色糸を結んだのは職人の遊び心か。

［成り物］《なりもの》
葡萄、柘榴（ざくろ）、瓜、蕪の葉。柘榴は中国の文様によく用いられ、葡萄は古くからの文様だが、ここでは全く様相が違う。紗地に刺繡の帯。

［洋数字］ようすうじ
西欧文化が庶民層にまで入り込み、和数字を見慣れた目に算用数字はデザイン的にも非常に新鮮だったのだろう。大正モダンの頃には盛んにきものにもとり入れている。型染羽二重地羽裏。

［ダンス］
まさに大正モガ、モダンガールを彷彿とさせる意匠。彼女たちは断髪に洋装、それも男性の洋装に似せてズボンをはいたりした。風船のような文様は、やはり当時流行のサーカスの玉乗りからか。型染羽二重地羽裏。

［苺］いちご
これは意匠もモダンだが、技法的にも凝っている。明治初めに輸入された貴婦人の洋装に用いられたレースを模して刺繍し、赤い苺も刺繍による。しかし下の苺は別布をアップリケしアンティークビーズを縫い込み、へたは刺繍。西欧への憧れがあふれる。絽地帯。

［地球儀］ちきゅうぎ
一九〇〇年、万国博覧会がパリで開かれて人気を集め、外国は身近に感じられるものとなった。日本から世界へ、地球を羽二重地に染めて仕立てた帯を締めた女性は意気揚揚だったろう。

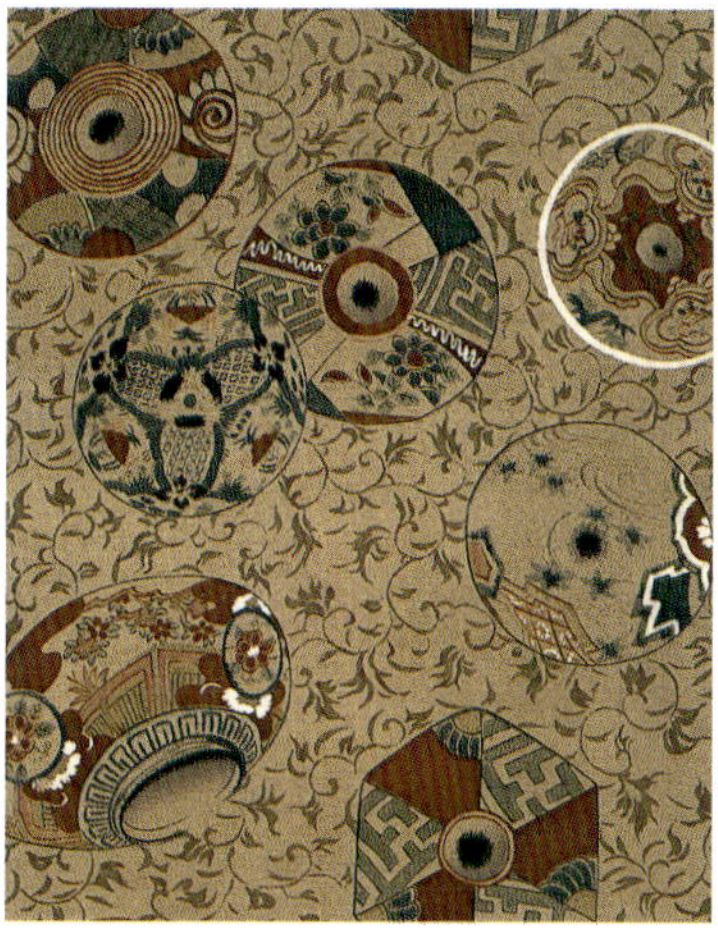

［色絵食器《いろえしょっき》］たぶん鍋島更紗を意識しているのだろう、色絵の鉢や皿を写した意匠。佐賀県の鍋島は和更紗の産地で、伊万里焼きが優れ、異国文化あふれた土地。これも更紗風表現である。塩瀬地帯。

［蜘蛛の巣《くものす》］蜘蛛の巣にかな文字を散らした意匠で、こちらは芸者の衣裳。しかし一般の女性用にも蜘蛛の巣文様はときたま見られ、網干と同じくリズミカルな線を面白がったのか。

［蟷螂《かまきり》、でんでん虫《でんでんむし》］雄を食うという蟷螂だから粋筋の女性の注文かと見えるが、全く素人の奥様用。こんな文様が平気など、昭和期の女性は強くなったものだ。型友禅絽地帯。

［西瓜に鼠《すいかにねずみ》］鼠は大黒天に仕える動物だから必ずしも不吉なものではないが、単独の文様としてはほとんどない。西瓜はベロア地をアップリケし、鼠は実にリアルに刺繍してある。意外性、奇抜さをねらったものか。絽地帯。

参考文献

『「きもの」と文様《もよう》　日本の形と色』　長崎 巖著　講談社
『キモノ文様事典』　藤原 久勝著　淡交社
『最新きもの用語辞典』　文化出版局編　文化出版局
『染織の美』7巻、8巻　吉岡 幸雄編　京都書院
『染織の文化5　染織の基礎』　朝日新聞社 編　朝日新聞社
『日本・中国の文様事典』　視覚デザイン研究所・編集室　編　視覚デザイン研究所
『日本の意匠事典』　岩崎 治子著　岩崎美術社
『日本の家紋』　青幻舎
『日本の樹木』　林 弥栄編　山と溪谷社
『日本のデザイン』全16巻　紫紅社
『日本の文様』正・続　北村 哲郎著　源流社
『日本の野草』　林 弥栄編　山と溪谷社
『日本文様図鑑』　岡登 貞治編　東京堂出版
『能を彩る　文様の世界』　野村 四郎・北村 哲郎共著　檜書店
『紋典』　芸艸堂
『文様の事典』　岡登 貞治編　東京堂出版
（以下は展覧会目録）
『正倉院展』　奈良国立博物館
『創立百年記念特別展　琳派』　東京国立博物館
『都の形象《すがた》　洛中・洛外の世界』　京都国立博物館

丸繋ぎ　まるつなぎ　202
丸文　まるもん　201
卍繋ぎ　まんじつなぎ　162, 190
　紗綾形　190
　菱卍　252
水車　みずぐるま　**180**
　柳橋水車　181
水玉　みずたま　138, **202**
水鳥　みずどり　**92**
蓑　みの　187, 233
　隠れ蓑　233, 236
海松　みる　110, 138
　海松立涌　247
麦の穂　むぎのほ　45
虫籠　むしかご　59, 161, 176, 177
結び　むすび　**185**
　花結び　185
　紐結び　185
名所旧跡　めいしょきゅうせき　**128**
　近江八景　130
　東海道五拾三次　128
　名所江戸百景　129
名物裂　めいぶつぎれ　**248**
面　めん　**186**
　能面　186
　般若面　186
　舞楽面　186
木蓮　もくれん　47
文字　もじ　**151**
物語絵　ものがたりえ　**148**
紅葉　もみじ　20, 70, 197
　楓　**70**
　春日山　**127**
桃　もも　**223**

や

矢絣　やがすり　211
八つ手　やつで　65
八橋　やつはし　48, *182*
八つ藤　やつふじ　171, 245
　藤の丸　245
柳　やなぎ　89, 93, 160, 181
　枝垂柳　64, 94, 161
　猫柳　45
矢羽根　やばね　179
破れ切り箔　やぶれきりはく　199
破れ地紙　やぶれじがみ　103, 172
有職　ゆうそく　31, 97, 138, 165, 171, *192*, 195, 226, **244**, 246
　窠に霰　*246*
　亀甲　**195**
　立涌　**246**
　菱　**192**
雪　ゆき　**144**
　雪華　145
　雪だるま　144
雪持ち　ゆきもち　144, 256
　雪持ち笹　144, 256
　雪持ち竹　75
　雪持ち松　78
雪輪　ゆきわ　**144**, 151
百合　ゆり　**51**
　百合唐草　51
洋花　ようばな　**80**
曜文　ようもん　*201*
鎧威し　よろいおどし　178

ら

蘭　らん　*216*
　春蘭　45, 84, 145
乱菊　らんぎく　69
龍　りゅう　229, **231**, 252
　雲龍　231
　応龍　231
　走龍　229
龍鳳凰　りゅうほうおう　**229**
流水　りゅうすい　20, 33, 35, 57, 66, **140**
　観世水　141, 143
　流水に鮎　113
　流水に金魚　113
　流水に燕　89
　流水紅葉　71
れんげ草　れんげそう　29
連珠　れんじゅ　242
楼閣　ろうかく　119, 121, 212

わ

輪　わ　**202**
　輪違い　203
　輪重ね　203

鳶八丈　とびはちじょう　205
団栗の木　どんぐりのき　65
蜻蛉　とんぼ　**98**

な

撫子　なでしこ　60
波　なみ　89, **137**
　荒波　137
　海賦　137
　青海波　**139**
　立波　137, 139
　波頭　137
　波立涌　138
波頭　なみがしら　137
成り物　なりもの　260, 261
鳴子　なるこ　131
南天　なんてん　72, **222**
南蛮船　なんばんせん　183
南部絞　なんぶしぼり　259
鶏　にわとり　**95**
猫　ねこ　**104**
猫柳　ねこやなぎ　45
合歓の木　ねむのき　50
熨斗　のし　**232**
　束ね熨斗　232
　花熨斗　220

は

萩　はぎ　20, 58, 59, 61, 98, 184
馬具　ばぐ　**178**
羽子板　はごいた　177
　追い羽根　177
橋　はし　181, **182**
　舟橋　182
芭蕉　ばしょう　64
蜂　はち　99
花筏　はないかだ　**20**
花兎　はなうさぎ　101, 251
花籠　はなかご　18, **22**
花唐草　はなからくさ　25, **26**, 251, 252
花喰い鳥　はなくいどり　*226*, 230
花車　はなぐるま　**23**
花束　はなたば　17, **21**
花熨斗　はなのし　**220**
花菱　はなびし　**194**, 246
　菊菱　194
　蔓花菱　194
　花菱亀甲　195
花丸(花の丸)　はなまる　**19**, 145, 165
　葵丸　43
　梅の丸　33
　菊の丸　68
　光琳梅の丸　31
　四君子の丸　217
　藤の丸　245
　牡丹の丸　35
羽　はね　**117**
浜松　はままつ　120, 122
薔薇　ばら　**80**
春駒　はるこま　102, 163
春の野　はるのの　28, 29
判じ絵　はんじえ　151
檜扇　ひおうぎ　**184**
　三つ檜扇　184
檜垣　ひがき　191
菱　ひし　**192**
　菊菱　194
　蔓花菱　194
　業平菱　193
　花菱亀甲　195
　松皮菱　193
毘沙門亀甲　びしゃもんきっこう　195
匹田　ひった　35, 68, 199, 258
瓢簞　ひょうたん　52, 187
氷割　ひわり　189
紅型　びんがた　**256**
風神雷神　ふうじんらいじん　132
蕗　ふき　44
武具　ぶぐ　**178**
福笹　ふくざさ　236
福寿草　ふくじゅそう　29
福良雀　ふくらすずめ　87
藤　ふじ　19, **38**, 168
　藤唐草　39
　藤棚　39
　藤の丸　245
富士山　ふじさん　126, 128, 151
葡萄　ぶどう　**63**
　葡萄唐草　24
　葡萄棚　63
舟　ふね　**182**
　苫舟　182
　南蛮船　183
　花舟　183
　舟橋　182
芙蓉　ふよう　53
文芸　ぶんげい　**146**
分銅繋ぎ　ふんどうつなぎ　200, 233
鳳凰　ほうおう　230
　桐鳳凰　230
　龍鳳凰　**229**
宝相華　ほうそうげ　*26*
蓬莱　ほうらい　225
蛍　ほたる　**99**
牡丹　ぼたん　19, 23, **34**, 197
　蟹牡丹　34
　唐獅子牡丹　35
　牡丹唐草　247, 252
　牡丹の丸　35

ま

籬　まがき　131
松　まつ　**76**, 224
　老松　76, 124
　笠松　78, 133
　唐松　77, 123
　光琳松　77
　三階松　76
　松竹梅　**218**
　花形松　78
　雪持ち松　78
　若松　226
松喰い鶴　まつくいつる　**226**
　向い松喰い鶴　226
松葉　まつば　**79**
　こぼれ松葉　79
　敷き松葉　79
　三つ追い松葉の丸　79
鞠　まり　163

四君子の丸　217
獅子　しし　**106**
唐獅子　106
唐獅子牡丹　107
巻毛　107
羊歯　しだ　**50**
枝垂柳　しだれやなぎ　64, 94, 161
七福神　しちふくじん　154
日月　じつげつ　**136**
七宝　しっぽう　233, 234, 244, 253
七宝繋ぎ　244
破れ七宝　244
柴垣　しばがき　33, 124
縞　しま　**204**
伊予縞　209
勝手縞　207, 209
変りかつお縞　207
格子縞　207, 208, 209
碁盤格子　209
段々縞　213
木賊縞　209
ぼかし縞　209
三筋格子　208
よろけ縞　206
両子持ち縞　207
縞帳　しまちょう　*206*
蛇籠　じゃかご　93, **131**, 181
蛇の目　じゃのめ　203
蛇の目傘　160
十二支　じゅうにし　**116**
樹下動物文　じゅかどうぶつもん　*242*, 251
寿字　じゅじ　238, **239**
百寿字　239
樹木　じゅもく　**64**
狩猟　しゅりょう　242
春蘭　しゅんらん　45, 84, 145
正倉院裂　しょうそういんぎれ　242, 243
上代裂　じょうだいぎれ　**242**
松竹梅　しょうちくばい　19, 90, **218**, 234, 256
松竹梅鶴亀　**225**
蜀江　しょっこう　251
人物　じんぶつ　**154**
水仙　すいせん　**72**
睡蓮　すいれん　**49**
鈴　すず　**162**
薄　すすき　59, **61**, 94
雀　すずめ　75, **86**
稲穂に雀　87
竹に雀　86
福良雀　87
群れ雀　87
墨流し染　すみながしぞめ　259
菫　すみれ　28, 29
西王母　せいおうぼ　*223*
青海波　せいがいは　**139**, 169
鹿の子青海波　139
菊青海波　139
立波青海波　139
蟬　せみ　99

た

鯛　たい　**114**
鯛車　たいぐるま　157, 163
大名行列　だいみょうぎょうれつ　155, 241
大漁　たいりょう　200
鷹　たか　93
誰が袖　たがそで　**174**
宝尽し　たからづくし　154, **233**, 253
宝舟　たからぶね　157
滝　たき　33, 228
竹　たけ　19, **74**
竹に小犬　104
竹に雀　86
竹の丸　75
雪持ち竹　75
襷　たすき　*192*
鳥襷　*146*
二重襷　192
三重襷　*192*
橘　たちばな　19, 169, **221**
龍田川　たつたがわ　71
手綱　たづな　102
立涌　たてわく　201, 216, 217, **246**
菊菱立涌　216
雲立涌　31, 247
波立涌　138
海松立涌　247
破れ立涌　246
七夕　たなばた　176
たんぽぽ　28, 29, 85
千鳥　ちどり　**88**
波千鳥　88, 138
浜千鳥　88
流水千鳥　88
蝶　ちょう　**96**, 140
揚羽蝶　96
蝶散らし　97
蝶丸　245
向い蝶　97
丁字　ちょうじ　234
鳥獣人物戯画　ちょうじゅうじんぶつぎが　**116**
提灯　ちょうちん　177
長斑錦　ちょうはんにしき　243
月　つき　101, 136
土筆　つくし　28, 29
蔦　つた　**62**
槌車　つちぐるま　**180**
躑躅　つつじ　45
鼓　つづみ　164, 165
椿　つばき　**73**, 84, 145
光琳椿　73
燕　つばめ　**89**, 141
壺垂れ　つぼだれ　167, 215
露芝　つゆしば　**55**, 177
雪芝　55
鶴　つる　**90**
雲鶴　245
鶴亀　**224**
鶴丸　91
飛び鶴　91
花喰い鶴丸　91
舞い鶴　91
松喰い鶴　226
向い鶴　226
群れ鶴　90
鶴亀　つるかめ　**224**
松竹梅鶴亀　225
つわ蕗　つわぶき　44
鉄線　てっせん　**54**
唐桟　とうざん　204
遠山　とおやま　**126**

鹿の子絞　かのこしぼり　258
歌舞伎絵　かぶきえ　152
亀　かめ　**108**
　鶴亀　224
　松竹梅鶴亀　**225**
　蓑亀　108
鴨　かも　93
唐草　からくさ　**24**
　葵唐草　43
　菊唐草　25, 69
　蔓唐草　25
　花唐草　25, **26**
　藤唐草　39
　葡萄唐草　24, 63
　牡丹唐草　247, 252
唐子　からこ　**156**
唐獅子　からじし　106, 107, 251
烏　からす　93
唐花　からはな　27, 242, 242
雁　かり　84
玩具　がんぐ　**162**
巻子　かんす　171
観世水　かんぜみず　20, 141, 143
間道　かんとう　*204*, 253
　船越間道　253
幾何学文　きかがくもん　**188**
桔梗　ききょう　55, 58, 59
菊　きく　19, 20, 23, 55, 58, **66**, 145, 197
　糸菊　69
　裏菊　68
　菊枝　67
　菊傘　69
　菊唐草　25, 69, 247
　菊水　66, 68
　菊の丸　68
　光琳菊　66, 67
　籬に菊　68
　乱菊　69
乞巧奠　きこうでん　*220*
雉子　きじ　**85**
几帳　きちょう　**166**
亀甲　きっこう　**195**, 226
　亀甲繋ぎ　195
　子持ち亀甲　195
　十字亀甲　195
　花菱亀甲　195
　毘沙門亀甲　195
黄八丈　きはちじょう　205
器物文　きぶつもん　**147**, 158
桐　きり　**40**, 75, 150
　桐唐草　41
　桐鳳凰　230
　五三桐　41
金魚　きんぎょ　**112**, 142
孔雀　くじゃく　**85**
　孔雀羽　117
　孔雀羽散らし　117
葛　くず　60, 136
薬玉　くすだま　**219**
轡　くつわ　165, 179
熊手　くまで　237, 238
雲　くも　**134**
　雲鶴　245
　雲立涌　31, 247
　雲取り　**135**
　源氏雲　135
　飛雲　134
雲取り　くもどり　122, **135**, 229
　源氏雲取り　135, 149
蜘蛛の巣　くものす　263
栗　くり　65
黒八丈　くろはちじょう　205
鶏頭　けいとう　**53**
芸能文　げいのうもん　**152**
芥子　けし　47
源氏雲　げんじぐも　135
源氏車　げんじぐるま　77, **169**, 234
源氏香　げんじこう　149, **150**
源氏物語絵　げんじものがたりえ　148, 149
小葵　こあおい　165, 245
鯉　こい　**114**
　鯉の丸　115
　鯉幟　115
鯉の滝昇り　こいのたきのぼり　**228**
蝙蝠　こうもり　**94**, 161
光琳　こうりん　*31*
　光琳梅　31, 32
　光琳菊　66, 67
　光琳椿　73
　光琳波　138, 221
　光琳松　77
　光琳水　221
御所車　ごしょぐるま　23, 37, 124, **168**, 234
御所解き　ごしょどき　**124**
御所人形　ごしょにんぎょう　**157**
小袖幕　こそでまく　175
小鳥　ことり　84, 222

さ

魚　さかな　**111**
　魚尽し　111
　熱帯魚　111
鷺　さぎ　92
桜　さくら　19, 20, **36**, 141, 168
　小桜　37
　枝垂桜　37
　八重桜　37
桜草　さくらそう　28, 29
笹　ささ　**74**
　笹竹　74
　笹蔓　252
笹竜胆　ささりんどう　218
冊子　さっし　36, **171**
鮫小紋　さめこもん　255
紗綾形　さやがた　190
　卍繋ぎ　190
更紗　さらさ　**257**
　和更紗　257
　金更紗　257
早蕨　さわらび　28
算くずし　さんくずし　253
珊瑚　さんご　234, 235
山査子　さんざし　65
山水　さんすい　119, 256
　楼閣山水　119
鹿　しか　**103**, 250, 251
　春日山　127
地紙　じがみ　48, **172**
　地紙取り　172
　破れ地紙　103, 172
色紙　しきし　**170**
　色紙重ね　198
四君子　しくんし　**216**
　四君子散らし　217

さくいん

写真掲載文様を中心に50音順に配列し、関連する文様名と写真頁数も併記した。

太数字は個々の見出し文様の写真初出掲載頁、イタリック数字は文様関連語句の解説頁を示した。

基本的には各文様名称より「文」を省略して表記した。

あ

葵　あおい　**42**
　葵唐草　43
　葵橘　169
　葵丸　43
　二葉葵　43
秋草　あきくさ　21, 55, 56, **58**, 60, 136, 177, 220
秋の野　あきのの　58, 59, 60, 100
朝顔　あさがお　**56**
麻の葉　あさのは　**196**
　麻の葉鹿の子　196
　麻の葉小紋　196
　麻の葉取り　196
　匹田麻の葉　258
薊　あざみ　53
葦　あし　92, 93, 112, 122, 123
　葦刈　122
紫陽花　あじさい　47
網代　あじろ　**191**
鐙　あぶみ　179
網干　あぼし　**123**
網目　あみめ　200
雨　あめ　65, 132
鮎　あゆ　111
荒磯　あらいそ　**249**
有栖川　ありすがわ　250
　有栖川錦　103, 250
粟の穂　あわのほ　61
石畳　いしだたみ　64, 150, 198, 254
市松　いちまつ　198
銀杏　いちょう　65
糸巻　いとまき　**158**, 163
糸屋風通　いとやふうつう　253
稲妻　いなずま　132
犬　いぬ　**104**
　犬張り子　104, 163
印籠　いんろう　179
兎　うさぎ　**100**
　月兎　101
　波兎　101
　花兎　101, 251
渦　うず　104, **202**
　渦巻　71, 141
打出の小槌　うちでのこづち　234, 236
団扇　うちわ　**161**
馬　うま　**102**
　春駒　102
梅　うめ　19, **30**, 224, 232
　梅竹　19, 256
　梅に鶯　84
　梅鉢　33, 252
　梅の丸　33
　枝梅　30
　光琳梅　31
　四君子　**216**
　松竹梅　**218**
　松竹梅鶴亀　**225**
　ねじ梅　31
　槍梅　32
瓜　うり　**52**, 261
鱗　うろこ　186, 199
雲鶴　うんかく　245
絵絣　えがすり　**212**
江戸小紋　えどこもん　254
　鮫小紋　255
　大小霰小紋　144, 255
海老蟹　えびかに　**109**
円　えん　**201**
追い羽根　おいばね　177
扇　おうぎ　**173**
　扇面　173
　花扇　173
　檜扇　**184**
　三つ扇　184
桜楓　おうふう　70
近江八景　おうみはっけい　**130**
鸚鵡　おうむ　245
　鸚鵡丸　245
　向い鸚鵡　245
大島紬　おおしまつむぎ　212
桶　おけ　187
鴛鴦　おしどり　142, **227**
お多福　おたふく　236, 237, 238
落ち葉　おちば　65
尾長鳥　おながどり　**227**
女郎花　おみなえし　58, 59
沢瀉　おもだか　**49**
折枝　おりえだ　248
折形　おりがた　220
折鶴　おりづる　**159**

か

貝　かい　**110**
　貝合せ　**167**
　貝桶　167
　貝尽し　110
　貝寄せ　110
海賦　かいふ　137
楓　かえで　19, 20, 23, 34, **70**, 160
　春日山　127
　龍田川　71
　春秋楓　70
　流水紅葉　71
鏡　かがみ　**166**
杜若　かきつばた　**48**, 161
籠目　かごめ　191
笠(傘)　かさ　**160**
春日山　かすがやま　**127**
霞　かすみ　33, 39, **133**
　工霞　133
　霞取り　133
絣　かすり　**210**
　井桁絣　210
　絵絣　212
　蚊絣　210
　十字絣　210
　模様絣　210
　矢絣　211
酢漿草　かたばみ　**46**
片輪車　かたわぐるま　**169**
楽器　がっき　**164**
蟹　かに　109
　海老蟹　**109**

長崎　巌
東京芸術大学大学院美術研究科博士課程修了。東京国立博物館染織室長を経て、現在は共立女子大学教授。染織、服飾、意匠、文様、色彩文化史など、日本の服飾文化史を多面的に研究。数多くの染織・服飾美術展の企画展示も手がける。著書に『美術館へ行こう 染と織を訪ねる』（新潮社）、『日本の美術 女の装身具』『日本の美術 小袖からきものへ』（ともに至文堂）、『絣』『きものと裂のことば案内』（ともに小学館）ほかがある。

弓岡勝美
一九七〇年初頭から大正・昭和の着物の意匠に着眼し、数多くコレクションするとともに、髪型・着付けも含めた着物のコーディネーターとして長年活躍。現在はアンティークきものの店「壱の蔵（電話〇三-五四七四-二二八一）」を経営しながら、古裂を使った押し絵や細工作品を制作、指導も行う。『別冊太陽 昔きもののレッスン十二か月』（平凡社）、『アンティーク振袖』（世界文化社）、『きものの着つけ おしゃれに装う着つけと帯結び』（パッチワーク通信社）『日本の心の色一〇〇 お細工物カラーコーディネートレッスン』（日本ヴォーグ社）ほか監修、著書多数。

制作スタッフ
編集協力　春日ノリヲ（壱の蔵）
写真　河野利彦（平凡社写真部）
製版　高柳 昇（東京印書館）

明治・大正・昭和に見る
きもの文様図鑑

発行日　二〇〇五年 六 月 一 日　初版第一刷
二〇〇五年十一月二十日　初版第三刷
監修　長崎 巌
編　弓岡勝美
構成・文　土肥淑江
装幀・デザイン　若山嘉代子　黒田麻美　L'espace
発行者　下中直人
発行所　株式会社 平凡社
〒一一二-〇〇〇一
東京都文京区白山二-二九-四
電話　〇三-三八一八-〇九一三（編集）
電話　〇三-三八一八-〇八七四（営業）
振替　〇〇一八〇-〇-二九六三九
印刷所　株式会社 東京印書館
製本所　大口製本印刷 株式会社
HEIBONSHA 2005 Printed in Japan
ISBN4-582-62039-6　NDC分類番号727
A5変型判(22cm×15cm)　総ページ272

平凡社のきものの本

定価の表示はすべて二〇〇五年六月現在の税込価格です。

昔きもののレッスン十二か月
別冊太陽 生活をたのしむ 4
弓岡勝美＝監修
定価1680円
本書の編者による昔きものを春夏秋冬楽しむレッスン十二か月。お茶や結婚式だけでなく、おしゃれ着の感覚で出かけたい人に夢が広がる一冊。

昔きものを楽しむ
別冊太陽 骨董をたのしむ 29
別冊太陽編集部＝編
定価2520円
明治から昭和初期頃の着物の美しいコーディネートを大きな紙面でたっぷりゆったり紹介。

昔きものを楽しむ そのII
別冊太陽 骨董をたのしむ 34
別冊太陽編集部＝編
定価2520円
明治・大正・昭和の昔きものコレクター池田重子、小塚和子、長崎巌の秘蔵の逸品。櫛、かんざし、半襟などの小物も紹介。

昔きものと遊ぶ
別冊太陽 骨董をたのしむ 38
別冊太陽編集部＝編
定価2520円
大正・昭和にかけての個性的な着物や帯を集めた田中翼コレクションの初公開。

昔きものを買いに行く
別冊太陽 骨董をたのしむ 47
別冊太陽編集部＝編
定価2520円
全国の昔きものの名店三十余軒を厳選し、素材の種類、価格、サービス、お勧めの商品などを懇切丁寧に紹介。

銘仙 大正昭和のおしゃれ着物
別冊太陽スペシャル
藤井健三＝監修 藤森武＝写真
定価2520円
大正・昭和初期に流行した銘仙の大胆なデザインと色彩をまるごと一冊見せる。

中原淳一 きもの読本
中原淳一＝著 中原蒼二＝監修
中原利加子＝編
定価1680円
お洒落でかわいい「きもの乙女」の絵と中原淳一のエッセイで楽しむ、モダンなきもののスタイルブック。

きもの歳時記
平凡社ライブラリー 242
山下悦子＝著
定価1155円
晴着から綿入れまで、四季折々のきものの味わいを、消えゆく伝統美への愛惜も込め、情感豊かに綴ったエッセイ。解説＝中島純